AULA DE PORTUGUÊS
encontro & interação

Irandé Antunes

AULA DE português

encontro & interação

parábola

Capa e projeto gráfico: Andréia Custódio
Imagem de capa: banco de imagens - stock.xchng

CIP-BRASIL. CATALOGAÇÃO NA FONTE
SINDICATO NACIONAL DOS EDITORES DE LIVROS, RJ

A642a
Antunes, Irandé, 1937
Aula de português: encontro & interação / Irandé Antunes,
— São Paulo: Parábola Editorial, 2003 — (Série Aula; 1)

Inclui bibliografia
ISBN: 978-85-88456-15-0

1. Língua portuguesa — Estudo e ensino. I. Título II. Série.

CDD 469.7007 CDU: 811.134.3

Direitos reservados à
PARÁBOLA EDITORIAL
Rua Dr. Mário Vicente, 394 - Ipiranga
04270-000 São Paulo, SP
[11] 5061-9262 | [11] 98763-3590
www.parabolaeditorial.com.br
parabola@parabolaeditorial.com.br

ISBN: 978-85-88456-15-0

1ª edição - 21ª reimpressão: julho de 2025.

Eu sustento que a única finalidade da ciência está em aliviar a miséria da existência humana.
BRECHT

Entre coisas e palavras — principalmente
entre palavras — circulamos.
CARLOS DRUMMOND DE ANDRADE

As coisas vêm a uma criança vestidas pela linguagem.
JOHN DEWEY

Toda língua são rastros de velhos mistérios.
GUIMARÃES ROSA

A todos os professores e professoras que, por esse Brasil afora, tentam, por vezes, sob duras condições, fazer da aula de português um encontro, no qual se possa descobrir o fascínio e os mistérios da grande e histórica interação possibilitada pela linguagem humana.

Agradeço a todos os colegas e amigos que me incentivaram na realização desse meu projeto de escrever um livro para professores de português, do ensino fundamental e médio; esses colegas e amigos, como eu, alimentam o desejo de que aconteça, cada vez mais, um jeito diferente de se fazer o estudo da linguagem. Um estudo que seja uma abertura de horizontes, para se poder compreender melhor a imensa maravilha da interação humana.

Sumário

Apresentação

Carlos Alberto Faraco

Irandé Antunes é uma linguista reconhecida pelas suas pesquisas sobre coesão textual e sobre gêneros textuais. Mas, muito além de sua especialidade acadêmica, Irandé Antunes é uma grande educadora e uma intelectual comprometida com as questões da educação nacional. De há muito ela desenvolve atividades de interlocução direta com os professores do Ensino Fundamental e Médio: conhece-lhes a realidade, escuta suas dúvidas e angústias e busca construir com eles alternativas para sua atuação no cotidiano da sala de aula.

Esses professores e mais outros colegas e amigos vinham cobrando de Irandé Antunes um livro em que ela sistematizasse suas reflexões e suas propostas para o ensino de Português. Finalmente, em meio a sua incansável labuta, ela está agora atendendo a todos. E nos apresenta um trabalho que certamente marcará época na história do ensino de Português no Brasil.

Inconformada com os descaminhos desse ensino, com o "quadro nada animador (e quase desesperador) do insucesso escolar", Irandé Antunes aponta caminhos concretos para a mudança. Não perde de vista que o problema da escola transcende em muito a escola, mas acredita que seu enfrentamento também exige a escola, seja pela discussão crítica de suas próprias práticas, seja pelo envolvimento direto dos professores na construção de alternativas.

Por isso, Irandé Antunes começa seu livro por uma discussão crítica de certas práticas escolares tradicionais no ensino de português. Expõe, em seguida, um conjunto de princípios capazes de fundar uma nova prática pedagógica que ofereça a nossas crianças e jovens a possibilidade efetiva do "exercício fluente, adequado e relevante da linguagem verbal, oral e escrita". O livro termina com a apresentação de alternativas concretas para o trabalho dos professores.

Os leitores encontrarão aqui um fundo teórico sólido (uma concepção interacionista, funcional e discursiva da língua), sem o que a prática fica sem norte. Encontrarão farta exemplificação, sem o que a teoria se perde numa infrutífera abstração. Encontrarão o casamento consistente dos pressupostos teóricos com as propostas práticas.

Essas propostas, concretas e viáveis, cobrem as atividades de leitura e escrita; incluem o estudo gramatical, dando-lhe um sentido funcional; e se estendem para abordar a oralidade, face ainda tão pouco explorada no ensino de português.

Irandé Antunes não deseja, como interlocutor, o professor passivo, mero aplicador de receitas ou repetidor de conteúdos. Ela se dirige àqueles que, inquietos e inconformados, buscam novas trilhas. Por isso ela nada impõe, mas, como fruto de sua produtiva atividade de professora com professores, busca oferecer-lhes elementos para que possam eles mesmos descobrir novos jeitos de ver a língua e de se verem como professores de português.

Irandé Antunes nos entrega um livro fundamental para os atuais e os futuros professores de português. É resultado de suas reflexões teóricas, de sua experiência de professora, de seu comprometimento político de educadora, mas, acima de tudo, de sua paixão pela linguagem e por seu ensino.

Introdução

O livro que você, caro(a) professor(a), tem em mãos é resultado de uma longa caminhada que venho empreendendo junto com muitos outros docentes e pesquisadores interessados nas questões ligadas à atividade escolar do ensino da língua portuguesa. Por um lado, sinto-me pressionada a escrever pela constatação de que ainda persistem práticas inadequadas e irrelevantes, não condizentes com as mais recentes concepções de língua e, consequentemente, com os objetivos mais amplos que legitimamente se pode pretender para o seu ensino. Por outro, sinto-me motivada pela oportunidade de poder lembrar princípios teóricos e sugerir pistas que possam ajudar na reorientação da atividade pedagógica em questão. Pretendo, portanto, que aqueles objetivos mais amplos e relevantes sejam alcançados e que se favoreça um contacto mais positivo do aluno com a língua que ele estuda, a fim de que saiba falar, ouvir, escrever e ler mais adequada e competentemente.

Sinto-me, pois, na elaboração do presente trabalho — um sonho de há muito acalentado —, realizando um ato de cidadania, enquanto decido assumir a palavra para tentar aproximar os professores de seu perfil ideal: *o de contribuir significativamente para que os alunos ampliem sua competência no uso oral e escrito da língua portuguesa*.

Na verdade, para mim, isso representa mais que um sonho. É como se fosse o pagamento de uma dívida que, naturalmente, fui assumindo, ao longo de muitos anos de encontro pessoal com os professores, de escuta de suas inquietações, de suas dificuldades. Nessa escuta, sem dúvida, vinha embutido, explícito ou não, um pedido de ajuda. Minha pretensão é atender a esse pedido. Terei a preocupação de abordar os princípios da teoria linguística apenas na medida em que a situação o requerer, embora tenha o cuidado de não descer a simplismos reducionistas. Sou consciente de quanto o fenômeno da linguagem é complexo e de quanto o tratamento de suas questões requer sérios cuidados. Estarei atenta.

Como é normal acontecer, este livro tem um caráter de "incompletude", na medida em que espera a participação reflexiva, crítica e criadora de cada professor que atua no exercício do ensino da língua. É, assim, uma proposta de reflexão e traz a expectativa de uma continuidade, que vai acontecer em cada leitura, em cada análise e recriação empreendida pelos professores. Dessa forma, cada professor que ler este livro será também um de seus coautores.

Tenho plena consciência de que não estou partindo do zero. Este trabalho é apenas uma pequena parte de um grande esforço comum, de muitos pesquisadores e estudiosos da linguagem, preocupados também com a melhor forma de os professores realizarem na escola a exploração relevante e consistente do fenômeno linguístico.

Essa preocupação já ultrapassou os muros das universidades e vem se tornando uma das preocupações gerais. Ou seja, que o ensino da língua não vai bem já é, cada vez mais, uma constatação do domínio comum. Embora não se possa generalizá-la, já está na boca de muitos a crítica de que a escola não estimula a formação de leitores, não deixa os alunos capazes de ler e entender manuais, relatórios, códigos, instruções, poemas, crônicas, resumos, gráficos, tabelas, artigos, editoriais e muitos outros materiais escritos. Também não deixa os alunos capazes de produzir por escrito esses materiais. Ou seja, tem "uma pedra no meio do caminho" da aula de português. E a trajetória não se faz...

O momento nacional é de luta, de renovação e incita à mudança, a favor de uma participação cada vez maior de toda a população e de um exercício cada vez mais pleno da cidadania. O professor não pode ausentar-se desse momento nem, tampouco, estar nele de modo superficial. O ensino da língua portuguesa também não pode afastar-se desses propósitos cívicos de tornar as pessoas cada vez mais críticas, mais participativas e atuantes, política e socialmente.

Não podemos, não devemos, pois, adiar a compreensão de que a participação efetiva da pessoa na sociedade acontece, também e muito especialmente, pela "voz", pela "comunicação", pela "atuação e interação verbal", pela linguagem, enfim. Tivemos, durante muito tempo, uma escola que favoreceu o mutismo[1], que obscureceu

---

[1] "Há muito que aprender com a história em matéria de calar a boca", diz Millôr, em uma de suas sábias tiradas (cf. Fernandes, 2000: 30).

a função interativa da língua, que disseminou a ideia de uma quase irreversível incompetência linguística, o que nos deixou, a todos, calados e, quase sempre, apáticos.

Apesar de muitas "análises sintáticas", apesar de muitas vezes nos darmos ao insano (e inglório!) trabalho de tentar diferenciar um "adjunto adnominal" de um "complemento nominal", e outros pormenores classificatórios, apesar de tanto quebrar a cabeça com essas irrelevâncias metalinguísticas, faltou tempo — e talvez capacidade — para se descobrir as regularidades do funcionamento interativo da língua, *que somente acontece por meio de textos orais e escritos*, em práticas discursivas as mais diversas, conforme as situações sociais em que se inserem.

Saber tais regularidades faz muita diferença, quando nos encontramos nas situações reais de uso da língua, dentro e fora da escola. Não saber tais regularidades concorre, significativamente, para deixar-nos limitados no acesso ao conhecimento e nas atividades de sua produção e de sua distribuição. Não saber tais regularidades concorre também para deixar os mais pobres ainda mais excluídos, os quais, "coincidentemente", são os menos escolarizados e os menos preparados para enfrentar as exigências de um mercado de trabalho cada vez mais especializado.

Se o que predomina nas aulas de português continua sendo o estudo inócuo das nomenclaturas e classificações gramaticais, ir à escola e estudar português pode não ter muita importância, principalmente para quem precisa, de imediato, adquirir competências em leitura e em escrita de textos. Ou mesmo para quem precisa ter uma certa fluência e desenvoltura no exercício mais formal da comunicação oral. Certamente, há alguém ou alguns que tiram proveito da manutenção desses padrões de ensino da língua — padrões que, na verdade, só "despistam" a atenção e embotam a criticidade das pessoas para perceberem o que, de fato, se pode fazer e se pode sofrer pelo domínio da palavra. Enquanto o professor de português fica apenas analisando se o sujeito é "determinado" ou "indeterminado", por exemplo, os alunos ficam privados de tomar consciência de que ou eles se determinam a assumir o destino de suas vidas ou acabam todos, na verdade, "sujeitos inexistentes" (como, em outras palavras, sugere Almeida, 1997: 16).

Neste instante, caro(a) professor(a), quero que se sinta inteira e legitimamente convocado para o desafio de estimular o desenvolvimento pessoal, social e político de seu aluno, pela ampliação gradativa de suas potencialidades comunicativas.

Vale a pena deixar bem claro que, em nenhum momento, deixo de reconhecer a falta de uma política pública de valorização do trabalho do professor, reduzido, quase sempre à "tarefa de dar aulas", sem tempo para ler, para pesquisar, para estudar. "Passando" e "repassando" pontos do programa, para depois "cobrar" no dia da prova, no cenário nada convidativo (e muito menos poético!) de prédios descorados e tristes: o que significa dizer que o professor não é o único responsável por todos os problemas da escola.

Mesmo consciente dessas limitações, minha conversa agora é com os professores. Para inquietá-los. Para estimulá-los à mudança, para lhes abrir horizontes. Para dizer-lhes que até mesmo essas coisas que não dependem diretamente de nós, às vezes, começam a mudar já porque nós as denunciamos, ou porque lutamos para que sejam diferentes.

O plano em que desenvolvo esta discussão está distribuído assim:

- num primeiro momento (Capítulo 1), revejo, numa breve análise, algumas das maiores dificuldades e alguns dos maiores equívocos ainda constatados em relação às atividades pedagógicas, no tratamento com a oralidade, a escrita, a leitura e a gramática;
- num segundo momento (Capítulo 2), apresento alguns *princípios teóricos capazes de fundamentar um ensino da língua mais relevante e eficiente*. Para isso, tomo como pontos de referência *a prática da escrita, a prática da leitura, a prática da reflexão sobre a gramática e a prática da oralidade*. Neste segundo momento, são explicitadas, ainda, as principais *implicações pedagógicas* contidas em tais princípios;
- num terceiro momento (Capítulo 3), como ilustração e pistas de trabalho, apresento algumas *orientações* e sugestões de *atividades* que podem ser desenvolvidas no âmbito da escrita, da leitura, da reflexão gramatical e da oralidade;
- por fim, um segmento (Capítulo 4) em que teço algumas considerações acerca dos procedimentos gerais de *avaliação* decorrentes desses princípios.

CAPÍTULO UM

Refletindo sobre a prática da aula de português

Entre o porque e o por quê há mais bobagem gramatical do que sabedoria semântica.
MILLÔR FERNANDES

1.1. Sinais de mudança

Um exame mais cuidadoso de como o estudo da língua portuguesa acontece, desde o Ensino Fundamental, revela a persistência de uma prática pedagógica que, em muitos aspectos, ainda mantém a perspectiva reducionista do estudo da palavra e da frase descontextualizadas. Nesses limites, ficam reduzidos, naturalmente, os objetivos que uma compreensão mais relevante da linguagem poderia suscitar — linguagem que só funciona para que as pessoas possam interagir socialmente. Embora muitas ações institucionais já se tenham desenvolvido, no sentido de motivar e fundamentar uma reorientação dessa prática, as experiências de renovação, infelizmente, ainda não ultrapassam o domínio de iniciativas assistemáticas, eventuais e isoladas.

Consequentemente, persiste o quadro nada animador (e quase desesperador) do insucesso escolar, que se manifesta de diversas maneiras. Logo de saída, manifesta-se na súbita descoberta, por parte do aluno, de que ele "não sabe português", de que "o português é uma língua muito difícil". Posteriormente, manifesta-se na confessada (ou velada) aversão às aulas de português e, para alguns alunos, na dolorosa experiência da repetência e da evasão escolar.

Com enormes dificuldades de leitura, o aluno se vê frustrado no seu esforço de estudar outras disciplinas e, quase sempre, "deixa" a escola com a quase inabalável certeza de que é incapaz, de que é linguisticamente deficiente, inferior, não podendo, portanto, tomar a palavra ou ter voz para fazer valer seus direitos, para participar ativa e criticamente daquilo que acontece à sua volta. Naturalmente, como tantos outros, vai ficar à margem do entendimento e das decisões de construção da sociedade.

É evidente que causas externas à escola interferem, de forma decisiva, na determinação desse resultado. A escola, como qualquer outra instituição social, reflete as condições gerais de vida da comunidade em que está inserida. No entanto, é evidente também que fatores internos à própria escola condicionam a qualidade e a relevância dos resultados alcançados.

É principalmente em atenção a esses fatores ligados à escola que desenvolvo, no momento, as presentes reflexões e propostas de estudo do português.

Tenho consciência, sem dúvida, do momento histórico nacional, com seus múltiplos e graves problemas, que, na área da Educação e para além dela, constituem um enorme desafio para a responsabilidade e para o espírito cívico de todos. Os momentos de crise são, comumente, também momentos de crescimento. É por isso que já se pode testemunhar um conjunto de atuações sociais positivas, na direção de uma crescente consciência da cidadania cada vez mais integral e efetiva.

O presente trabalho pretende ser, também, uma resposta aos apelos e às exigências de construção dessa mesma cidadania.

1.2. Um querer legitimado

É possível documentar, atualmente, uma série de ações que as instituições governamentais, em todos os níveis, têm empreendido a favor de uma escola mais formadora e eficiente. Tais ações, apesar de todos os seus limites, acontecem tanto na área da formação e capacitação dos professores como na outra, não menos significativa, das avaliações. Basta referir o trabalho que resultou na elaboração e divulgação dos Parâmetros Curriculares Nacionais (PCN), com todos os seus posteriores desdobramentos; ou o trabalho empreendido pelo Sistema Nacional de Avaliação da Educação Básica (SAEB), que objetiva avaliar o desempenho escolar de alunos de todas as regiões do país e, a partir daí, oferecer, ao próprio Governo Federal e aos Estados, subsídios para a redefinição de políticas educacionais mais consistentes e relevantes.

Em relação aos PCN, não se pode deixar de reconhecer que as concepções teóricas subjacentes ao documento já privilegiam a dimensão interacional e discursiva da língua e definem o domínio dessa língua como uma das condições para a plena participação do indivíduo em seu meio social (cf. p. 19). Além disso, estabelecem que os conteúdos de língua portuguesa devem se articular em torno de dois grandes eixos: o do ***uso*** da língua oral e escrita e o da ***reflexão*** acerca desses usos. Nenhuma atenção é concedida aos conteúdos gramaticais, na forma e na sequência tradicional das classes de palavras, tal como aparecia nos programas de ensino de antes.

Em relação ao SAEB, a orientação não é diferente: os pontos — chamados de *descritores* — que constituem as matrizes de referência para a elaboração das questões das provas — contemplam explicitamente apenas um conjunto de habilidades e competências em compreensão e nada de definições ou classificações gramaticais. Todas essas competências são avaliadas em textos, de diferentes tipos, gêneros e funções. Não há um descritor sequer que se pareça com os itens tradicionais dos programas de ensino do português. Nem a famigerada concordância verbal, suposto indicativo do saber da "inequívoca norma culta", aparece. Tampouco a regência ou outra questão semelhante. Muito menos as famosas classificações de orações.

Os Estados têm entrado em harmonia com estas orientações do SAEB e já organizam seus exames de avaliação[1]

---

[1] Vale a pena consultar os descritores selecionados para as matrizes do Estado de Pernambuco. Embora se apregoe que tais matrizes existem para orientar a avaliação do ensino, é inegável que os descritores nelas contidos podem inspirar muito positivamente as atividades escolares com a leitura e a escrita. Atualmente,

com base num rol de competências semelhantes, também avaliadas em textos.

Vale referir também o trabalho que é realizado pelo Programa Nacional do Livro Didático (PNLD) que, pelo menos em relação à língua portuguesa, tem oferecido ótimas pistas para a produção dos manuais de ensino. Os exames vestibulares de algumas universidades também têm botado lenha nessa fogueira. Ou seja, as questões em torno de competências textuais têm trazido a dimensão da textualidade para o dia a dia da atividade pedagógica ou, pelo menos, conseguiram tirar do centro de interesse a análise puramente metalinguística que prevalecia nos programas de ensino.

Parece, portanto, não faltar ao professor o respaldo das instâncias superiores, que assumiram o discurso[2] de novas concepções teóricas, de onde podem emergir novos programas e novas práticas. Pelo menos, para os professores, já não tem sentido transferir para as Secretarias de Educação, para o vestibular ou para todos os livros didáticos, a responsabilidade de ter de "rezar" o velho rosário das classes de palavras, conta a conta, uma

---

o Estado de Pernambuco já dispõe de uma Matriz Curricular para o ensino (e não apenas exclusivamente para a avaliação), com a especificação das competências esperadas no final de cada ciclo (do Fundamental e Médio). Nessa Matriz, são apresentados descritores relativos à oralidade, leitura e produção de textos escritos. Esses descritores têm como suporte teórico os princípios da interação verbal e da textualidade.

[2] Certamente outras ações administrativas deviam acompanhar o plano do discurso oficial, para que as concepções teóricas propostas pelos governos possam tornar-se cada vez mais uma realidade.

a uma. A "salvação" parece vir por outros meios. Ou seja, os "santos" começam a ter outra cara.

1.3. Num olhar de relance

Sem perder de vista que muito empenho vem sendo demonstrado (e com alguns resultados evidentes e louváveis) no sentido de deixar a escola em condições de mais qualidade e maiores êxitos, me parece útil, ainda, começar por referir algumas constatações menos positivas, acerca de como acontece a atividade pedagógica de ensino do português (às vezes, preferia não ter visto...!). Vou fixar-me, como disse, em quatro campos: o da oralidade, o da escrita, o da leitura e o da gramática.

1.3.1. *O trabalho com a oralidade*

No que se refere às *atividades em torno da oralidade*, ainda se pode constatar:

- uma quase omissão da fala como objeto de exploração no trabalho escolar; essa omissão pode ter como explicação a crença ingênua de que os usos orais da língua estão tão ligados à vida de todos nós que nem precisam ser matéria de sala de aula (cf. Marcuschi, 2001: 19);
- uma equivocada visão da fala, como o lugar privilegiado para a violação das regras da gramática. De acordo com essa visão, tudo o que é "erro" na língua acontece na fala e tudo é permitido, pois ela está acima das prescrições gramaticais; não se distinguem, portanto, as

situações sociais mais formais de interação que vão, inevitavelmente, condicionar outros padrões de oralidade que não o coloquial;

- uma concentração das atividades em torno dos gêneros da oralidade informal, peculiar às situações da comunicação privada; nesse contexto, predominam os registros coloquiais, como a "conversa", "a troca de ideias", "a explicação para o colega vizinho" etc. Na verdade, o trabalho se restringe à reprodução desses registros informais, sem que se promova uma análise mais consistente de como a conversação acontece;
- ou seja, uma generalizada falta de oportunidades de se explicitar em sala de aula os padrões gerais da conversação, de se abordar a realização dos gêneros orais da comunicação pública, que pedem registros mais formais, com escolhas lexicais mais especializadas e padrões textuais mais rígidos, além do atendimento a certas convenções sociais exigidas pelas situações do "falar em público".

1.3.2. *O trabalho com a escrita*

No que se refere às *atividades em torno da escrita*, ainda se pode constatar:

- um processo de aquisição da escrita que ignora a interferência decisiva do sujeito aprendiz, na construção e na testagem de suas hipóteses de representação gráfica da língua;
- a prática de uma escrita mecânica e periférica, centrada, inicialmente, nas habilidades motoras

de produzir sinais gráficos e, mais adiante, na memorização pura e simples de regras ortográficas: para muita gente, não saber escrever ainda equivale a escrever com erros de ortografia;

- a prática de uma escrita artificial e inexpressiva, realizada em "exercícios" de criar listas de palavras soltas ou, ainda, de formar frases. Tais palavras e frases isoladas, desvinculadas de qualquer contexto comunicativo, são vazias do sentido e das intenções com que as pessoas dizem as coisas que têm a dizer. Além do mais, esses exercícios de formar frases soltas afastam os alunos daquilo que eles fazem, naturalmente, quando interagem com os outros, que é "construir peças inteiras", ou seja, *textos*, com unidade, com começo, meio e fim, para expressar sentidos e intenções. Parece incrível, mas é na escola que as pessoas "exercitam" *a linguagem ao contrário*, ou seja, a linguagem *que não diz nada*. Nessa linguagem vazia, os princípios básicos da textualidade são violados, porque o que se diz é reduzido a uma sequência de frases desligadas umas das outras, sem qualquer perspectiva de ordem ou de progressão e sem responder a qualquer tipo particular de contexto social;
- a prática de uma escrita sem função, destituída de qualquer valor interacional, sem autoria e sem recepção (apenas para "exercitar")[3], uma

[3] Isabel Pinheiro, em sua dissertação de mestrado (cf. Bibliografia), analisou as propostas de produção de texto de alguns livros didáticos e constatou que somente muito poucas cuidam de levar em conta os fatores interativos do ato de escrever um texto.

vez que, por ela, não se estabelece a relação pretendida entre a linguagem e o mundo, entre o autor e o leitor do texto;

- a prática de uma escrita que se limita a oportunidades de exercitar aspectos não relevantes da língua, nessa altura do processo de apreensão da escrita, como, por exemplo, a fixação nos exercícios de separação de sílabas, de reconhecimento de dígrafos, encontros vocálicos e consonantais e outros inteiramente adiáveis;
- a prática, enfim, de uma escrita improvisada, sem planejamento e sem revisão, na qual o que conta é, prioritariamente, a tarefa de realizá-la, não importa "o que se diga" e o "como se faz". (É a "língua da escola", como observou um menino sabido!).

1.3.3. *O trabalho com a leitura*

No que se refere às *atividades de ensino da leitura*, também se encontra ainda:

- uma atividade de leitura centrada nas habilidades mecânicas de decodificação da escrita, sem dirigir, contudo, a aquisição de tais habilidades para a dimensão da interação verbal — quase sempre, nessas circunstâncias, não há leitura, porque não há "encontro" com ninguém do outro lado do texto;
- uma atividade de leitura sem interesse, sem função, pois aparece inteiramente desvinculada dos diferentes usos sociais que se faz da leitura atualmente;

- uma atividade de leitura puramente escolar, sem gosto, sem prazer, convertida em momento de treino, de avaliação ou em oportunidade para futuras "cobranças"; leitura que é, assim, reduzida a momentos de exercício, sejam aqueles da "leitura em voz alta" realizados, quase sempre, com interesses avaliativos, sejam aqueles que têm de culminar com a elaboração das conhecidas "fichas de leitura";
- uma atividade de leitura cuja interpretação se limita a recuperar os elementos literais e explícitos presentes na superfície do texto. Quase sempre esses elementos privilegiam aspectos apenas pontuais do texto (alguma informação localizada num ponto qualquer), deixando de lado os elementos de fato relevantes para sua compreensão global (como seriam todos aqueles relativos à ideia central, ao argumento principal defendido, à finalidade global do texto, ao reconhecimento do conflito que provocou o enredo da narrativa, entre outros);
- uma atividade incapaz de suscitar no aluno a compreensão das múltiplas funções sociais da leitura (muitas vezes, o que se lê na escola não coincide com o que se precisa ler fora dela);
- enfim, uma escola "sem tempo para a leitura", porque, como declararam os alunos, *"tinha que aprender as narrativas, a língua portuguesa e as palavras que a gente fala errado"* ou, ainda, porque *"atrapalha o professor em suas explicações"* (cf. Silva, 1986: 27).

A propósito da questão "o tempo para a leitura na escola", vale a pena referir a pesquisa realizada por Lílian Martin da Silva (1986) junto a alunos de escolas públicas de Campinas (tenho sérias dúvidas se os resultados seriam muito diferentes, caso a pesquisa fosse feita em escolas particulares!). As respostas dos alunos são autênticas denúncias da estreiteza com que algumas escolas têm considerado os objetivos de uma aula de português.

Vejamos o que os alunos responderam, quando solicitados a dizer se *liam* durante as aulas de português:

"Nunca porque não sobrava tempo."
"Nunca porque não dá tempo."
"Nunca porque a professora achava que perderia muito tempo de aula."
"Pouco, porque nos primeiros anos escolares eu fiz é muito exercício."
"A professora dava a matéria, explicava e nunca deu uma aula de leitura"
"A gente lia apenas o livro da matéria."
"Os professores se preocupam com a gramática e a redação."

Como diz a autora,

Da falta de tempo genericamente justificada, os depoimentos permitem avançar um pouco mais na elucidação dessa questão ou porque através deles os alunos repetem as explicações que lhes são dadas ou porque conseguem, depois de anos a fio, vendo repetida a prática de exclusão de leitura, entender os seus porquês (p. 27).

Assim é que à pergunta *"Por que não há tempo para a leitura em sala de aula"?* os alunos responderam:

> *"Porque tinha que ir com a matéria pra frente".*
> *"Porque foram poucos os professores que mandaram ler."*
> *"Porque se lêssemos não ia dar tempo para aprender toda a matéria."*
> *"Porque atrapalha o professor em suas explicações".*
> *"Porque não é possível **perder** uma aula de português **apenas** para ler um livro" (grifos meus).*
> *"Porque as aulas eram mais importantes."*
> *"Porque a professora acha que não estamos preparados para ler livros."*

Nem precisa muito esforço para perceber *em que* "a leitura atrapalha", ou qual "a matéria" que precisava "ir pra frente". Na verdade, a compreensão deturpada que se tem da gramática da língua e de seu estudo tem funcionado como um imenso entrave à ampliação da competência dos alunos para a fala, a escuta, a leitura e a escrita de textos adequados e relevantes. Há um equívoco tremendo em relação à dimensão da gramática de uma língua, em relação às suas funções e às suas limitações também — equívoco que tem funcionado como apoio para que as aulas de língua se pareçam muito pouco com "encontros de pessoas em atividades de linguagem" e, muito menos ainda, com "encontros de interação", nos quais as pessoas procurariam descobrir como ampliar suas possibilidades verbais de participar da vida de sua comunidade.

Conscientes dessa compreensão falseada do que seja a gramática de uma língua, passamos ao item seguinte.

1.3.4. *O trabalho com a gramática*

No que se refere a *atividades em torno da gramática*, pode-se constatar o ensino de:

- uma gramática descontextualizada, amorfa, da língua como potencialidade; gramática que é muito mais "sobre a língua", desvinculada, portanto, dos usos reais da língua escrita ou falada na comunicação do dia a dia;
- uma gramática fragmentada, de frases inventadas, da palavra e da frase isoladas, sem sujeitos interlocutores, sem contexto, sem função; frases feitas para servir de lição, para virar exercício;
- uma gramática da irrelevância, com primazia em questões sem importância para a competência comunicativa dos falantes. A este propósito, valia a pena perguntar-se qual a competência comunicativa que há em distinguir um adjunto adnominal de um complemento nominal, ou, ainda, em reconhecer as diferentes funções do QUE ou do SE, coisas com as quais muito tempo de aula ainda é desperdiçado;
- uma gramática das excentricidades, de pontos de vista refinados, mas, muitas vezes, inconsistentes, pois se apoiam apenas em regras e casos particulares que, apesar de estarem nos compêndios de gramática, estão fora dos contextos mais previsíveis de uso da língua;

- uma gramática voltada para a nomenclatura e a classificação das unidades; portanto, uma gramática dos "nomes" das unidades, das classes e subclasses dessas unidades (e não das regras de seus usos). Pelos limites estreitos dessa gramática, o que se pode desenvolver nos alunos é apenas a capacidade de "reconhecer" as unidades e de nomeá-las corretamente. Vale a pena lembrar que, de tudo o que diz respeito à língua, a nomenclatura é a parte menos móvel, menos flexível, mais estanque e mais distante das intervenções dos falantes. Talvez, por isso mesmo, seja a parte "mais fácil" de virar objeto das aulas de língua. Vale a pena lembrar também que a gramática de uma língua é muito mais, muito mais mesmo, do que o conjunto de sua nomenclatura, por mais bem elaborada e consistente que seja. A esse propósito, seria muito útil a consulta ao trabalho de Neves (1994: 12), trabalho pelo qual ela pôde constatar que os exercícios em torno do reconhecimento da classe gramatical das palavras e de suas funções sintáticas obtiveram o maior índice de frequência;
- uma gramática inflexível, petrificada, de uma língua supostamente uniforme e inalterável, irremediavelmente "fixada" num conjunto de regras que, conforme constam nos manuais, devem manter-se a todo custo imutáveis (apesar dos muitos usos em contrário), como se o processo de mudança das línguas fosse apenas um fato do passado, algo que já aconteceu e não acontece mais. Por esta via de percepção, a "consulta" que se faz é sempre, e apenas, a um compêndio de gramática

(nem sempre consistentemente atualizado), sem, de alguma maneira, considerar o que, na verdade, é fato, ou seja, sem considerar o que faz parte dos usos reais que os grupos mais escolarizados de falantes e escritores da atualidade adotam;

- uma gramática predominantemente *prescritiva*, preocupada apenas com marcar o "certo" e o "errado", dicotomicamente extremados, como se falar e escrever bem fosse apenas uma questão de falar e escrever corretamente, não importando o que se diz, como se diz, quando se diz, e se se tem algo a dizer. Por essa gramática, professores e alunos só veem a língua pelo prisma da correção e, o que é pior, deixam de ver outros muitíssimos fatos e aspectos linguísticos (os fatos textuais e discursivos, por exemplo), realmente relevantes;
- uma gramática que não tem como apoio o uso da língua em textos reais, isto é, em manifestações textuais da comunicação funcional e que não chega, por isso, a ser o estudo dos usos comunicativamente relevantes da língua[4].

1.4. Virando a página

A reorientação do quadro até aqui apresentado requer, antes de tudo, determinação, vontade, empenho de querer mudar. Isso supõe *uma ação ampla, fundamentada, planejada, sistemática e participada* (das políticas públicas — federais, estaduais e municipais — dos professores como classe e de cada professor

[4] Acerca das críticas ao ensino de língua portuguesa, vale a pena consultar, entre muitos outros, Britto, 1997.

em particular), para que se possa chegar a uma escola que cumpra, de fato, seu papel social de capacitação das pessoas para o exercício cada vez mais pleno e consciente de sua cidadania.

A complexidade do processo pedagógico impõe, na verdade, o cuidado em se prever e se avaliar, reiteradamente, *concepções* (O que é a linguagem? O que é uma língua?), *objetivos* (Para que ensinamos? Com que finalidade?), *procedimentos* (Como ensinamos?) e *resultados* (O que temos conseguido?), de forma que todas as ações se orientem para um ponto comum e relevante: *conseguir ampliar as competências comunicativo-interacionais dos alunos*.

O fato de assumir a discussão de como aproximar o estudo da língua desse ideal de "competência" e de "cidadania", ou melhor dizendo, de "competências para a cidadania", já representa um passo imensamente significativo — já é o começo da mudança, pois já concretiza a intenção dos professores de querer adotar uma atividade pedagógica realmente capaz de oferecer resultados mais positivos e gratificantes. Como em muitos outros casos, discutir, refletir, para identificar os problemas e encontrar saídas, já é uma "ação", já é parte do processo de mudança.

É evidente que qualquer discussão sobre os objetivos da atividade pedagógica, por mais completa que possa parecer, deve complementar-se com o estudo, a crítica, a reflexão, a pesquisa (nós, professores, precisamos de tempo para isso!) e a acuidade de todos aqueles que participam dessa atividade. O empenho por fazer esta reflexão produtiva, na prática diária das atividades pedagógicas, conta, assim, com a descoberta permanente, com o espírito de "vigília" de todos os que estão envolvidos com a vida da escola. (Educar requer uma espécie de "estado de espírito" permanente). Os meios e os procedimentos concretos de levar tais discussões à prática da sala de aula e, não só, até a escola como um todo, serão dia a dia pensados, descobertos, inventados, reinventados, conforme as circunstâncias particulares de cada situação, de cada meio geográfico e social. Dessa forma, o professor encontra condições para deixar de ser o mero repetidor de uma lista de conteúdos, iguaizinhos de ano a ano, em qualquer lugar ou situação — conteúdos, muitas vezes, alheios à língua que a gente fala, ouve, escreve e lê. Vale lembrar aqui Rubem Alves, em *Conversas com quem gosta de ensinar* (p. 31): "Bem dizia o mestre Wittgenstein que a linguagem tem um poder enfeitiçante. E eu me pergunto: de que palavras nos alimentamos?". Pois é, perguntemo-nos: de que palavras se alimenta a vida da escola? O que significa dizer que circulam palavras pelos corredores das escolas?

Minha disposição neste momento é, pois, oferecer aos que assumem a orientação ou a atividade de ensino do português, do Fundamental ao Ensino Médio, alguns elementos que possam ajudar na descoberta de "novos jeitos" de ver a língua e, consequentemente, de ver-se como professor em aulas de português.

A discussão que trago será válida e encontrará aplicabilidade, como foi dito acima, apenas se completada com a reflexão crítica e criativa de cada profissional envolvido no processo de capacitar o cidadão brasileiro para o exercício *fluente, adequado e relevante da linguagem verbal, oral e escrita.*

Como discussão, este livro se destina a apresentar não um receituário simplista de novas técnicas a serem empregadas e, muito menos, de novas tarefas a serem realizadas: destina-se a apresentar uma série de princípios, capazes de fundamentar a ampla e complexa atividade do ensino da língua. Esses princípios teóricos, objetivos e científicos, contêm, naturalmente, implicações pedagógicas. Basta analisá-los com cuidado para descobri-las. Dessas implicações, por sua vez, derivam as práticas ou os procedimentos concretos que cada professor, na vida diária com seus alunos, vai inventando. Já não há mais lugar para o professor simplistamente repetidor, como disse acima, que fica, passivo, à espera de que lhe digam exatamente como fazer, como "passar" ou "aplicar" as noções que lhe ensinaram. Os princípios são o fundamento em que o professor vai apoiar-se para criar suas opções de trabalho. O novo perfil do professor é aquele do pesquisador, que, com seus alunos (e não, "para" eles), produz conhecimento, o descobre e o redescobre. Sempre.

Muitas e urgentes são as razões sociais que justificam o empenho da escola por um ensino da língua cada vez mais útil e contextualmente significativo. Sabemos quanto a incompetência atribuída à escola está ligada a conflitos com a linguagem (cf. Soares, 1987), a percepções distorcidas e míticas acerca do que seja o fenômeno linguístico (cf. Bagno, 1999, 2000). Sabemos quanto nos aflige a seletividade, a manutenção da estrutura de classes e a reprodução da força de trabalho (cf. Carraher, 1986) que, incondicionalmente, decorrem também dessa incompetência e dessas distorções. Sabemos que a educação escolar é um processo social, com nítida e incontestável função política, com desdobramentos sérios e decisivos para o desenvolvimento global das pessoas e da sociedade. Sentimos na pele que não dá mais para "tolerar" uma escola que, por vezes, nem sequer alfabetiza (principalmente os mais pobres) ou que, alfabetizando, não forma leitores nem pessoas capazes de expressar-se por escrito, coerente e relevantemente, para, *assumindo a palavra*, serem *autores* de uma nova ordem das coisas. É, pois, um ato de cidadania, de civilidade da maior pertinência, que aceitemos, ativamente e com determinação, o desafio de rever e de reorientar a nossa prática de ensino da língua.

CAPÍTULO DOIS

Assumindo a dimensão interacional da linguagem

Só esqueceram uma coisa na construção do nosso edifício social: a pedra fundamental.
MILLÔR FERNANDES

Toda atividade pedagógica de ensino do português tem subjacente, de forma explícita ou apenas intuitiva, *uma determinada concepção de língua*. Nada do que se realiza na sala de aula deixa de estar dependente de um conjunto de princípios teóricos, a partir dos quais os fenômenos linguísticos são percebidos e tudo, consequentemente, se decide. Desde a definição dos objetivos, passando pela seleção dos objetos de estudo, até a escolha dos procedimentos mais corriqueiros e específicos, em tudo está presente uma determinada concepção de língua, de suas funções, de seus processos de aquisição, de uso e de aprendizagem.

Tenho presenciado, por vezes, uma certa desconfiança ou uma certa restrição dos professores quando se trata de lhes oferecer mais referenciais teóricos. Parece que são meio descrentes da teoria. "Queremos prática", costumam dizer. Esta afirmação pode significar um certo ceticismo ou um descontentamento com explicações teóricas que lhes chegam nos eventuais encontros ou "treinamentos". Nesse caso, os professores podem ter razão, principalmente, se a teoria que estudaram não ajudou a tornar sua atividade pedagógica mais produtiva, mais relevante e significativa.

Mas o desinteresse pela teoria pode significar também uma incompreensão do que seja "teoria" e "prática", de como uma e outra se interdependem ou se alimentam mutuamente. Como pode significar ainda uma certa acomodação dos professores, que, passivamente, esperam que alguém venha dizer a eles o que fazer e como fazer, dispensando-os, assim, do trabalho constante de estudar, de "estar atentos", de pesquisar, de avaliar, de criar, de inventar e reinventar sua prática, o que naturalmente supõe fundamentação teórica, ampla, consistente e relevante.

Não pode haver uma prática eficiente sem fundamentação num corpo de princípios teóricos sólidos e objetivos. Não tenho dúvidas: se nossa prática de professores se afasta do ideal é porque nos falta, entre outras muitas condições, um aprofundamento teórico acerca de como funciona o fenômeno da linguagem humana. O conhecimento teórico disponível a muitos professores, em geral, se limita a noções e regras gramaticais apenas, como se tudo o que é uma língua em funcionamento coubesse dentro do que é uma gramática. Teorias linguísticas do uso da prosódia, da morfossintaxe, da semântica, da pragmática, teorias do texto, concepções de leitura, de escrita, concepções, enfim, acerca do uso interativo e funcional das línguas, é o que pode embasar um trabalho verdadeiramente eficaz do professor de português.

Mas voltemos à questão dos princípios teóricos.

De uma forma muito geral, pode-se dizer que, ao longo dos estudos linguísticos, duas grandes tendências têm marcado a percepção dos fatos da linguagem:

a) uma tendência centrada na língua enquanto sistema em potencial, enquanto conjunto abstrato de signos e de regras, desvinculado de suas condições de realização;

b) uma tendência centrada na língua enquanto atuação social, enquanto atividade e interação verbal de dois ou mais interlocutores e, assim, enquanto *sistema-em-função*, vinculado, portanto, às circunstâncias concretas e diversificadas de sua atualização.

Evidentemente, essa segunda tendência teórica possibilita uma consideração mais ampla da linguagem e, consequentemente, um trabalho pedagógico mais produtivo e relevante. Ou seja, a evidência de que as línguas só existem para promover a interação entre as pessoas nos leva a admitir que somente *uma concepção interacionista da linguagem,* eminentemente funcional e contextualizada, pode, de forma ampla e legítima, fundamentar um ensino da língua que seja, individual e socialmente, produtivo e relevante.

Se a língua-em-função apenas ocorre sob a forma da textualidade — e esta é uma segunda evidência que quero lembrar aqui — é natural admitir também que só o estudo das regularidades textuais e discursivas, na sua produção e interpretação, pode constituir *o objeto* de um ensino da língua que pretenda ser, como se disse acima, produtivo e relevante.

Assumo, portanto, que o núcleo central da presente discussão é *a concepção interacionista, funcional e discursiva da língua*, da qual deriva o princípio geral de que *a língua só se atualiza a serviço da comunicação intersubjetiva, em situações de atuação social e através de práticas discursivas, materializadas em textos orais e escritos*. É, pois, esse núcleo que deve constituir o ponto de referência, quando se quer definir todas as opções pedagógicas, sejam os objetivos, os programas de estudo e pesquisa, seja a escolha das atividades e da forma particular de realizá-las e avaliá-las.

Vale a pena trazer à discussão mais um ponto: as aulas em questão são "aulas de português". Mas, de que português? Do português de Portugal? Do português do Brasil? É claro que é do *português do Brasil, aberto, porém, à análise de outras variedades*. Essa é uma questão fundamental, que tem desdobramentos de toda ordem. Só para dar um exemplo: querer aplicar ao português brasileiro as regras da colocação pronominal do português europeu é gerar uma série de incompatibilidades que apenas reafirmam aquela ideia de que o brasileiro fala mal. Como a colocação pronominal, existem muitas outras questões (veja-se a regência de certos verbos e de certos nomes, para citar mais um exemplo). Ou seja, a chamada "norma-padrão" objeto de análise na escola deve ter como parâmetro os usos próprios do Brasil, nos diferentes contextos de funcionamento da língua. De outra forma, se cria um fosso sem saída, um problema sem solução, ("uma pedra no meio do caminho" que não pode ser afastada.)

A essas considerações acrescento, como ponto de sustentação mais ampla, o princípio de que é o aluno o *sujeito da aprendizagem* que acontece, ou seja, é ele quem realiza, na interação com o objeto da aprendizagem, a atividade estruturadora da qual resulta o conhecimento (cf. Kato, 1986). Vale a pena ter em conta, ainda, que tal conhecimento implica, não o armazenamento, em estoque, de um conjunto de informações, de conteúdos e regras, mas a existência de uma capacidade gerativa, isto é, uma capacidade de encontrar novas respostas para problemas inteiramente novos, em novas situações.

A seguir, apresento um conjunto de *princípios* que, como disse, podem respaldar uma prática pedagógica de estudo e exploração da oralidade, da escrita, da leitura e da gramática. Em nenhum momento atribuo a esses princípios a praticidade mecanicista de um receituário. São fundamentos. São "a pedra fundamental" da construção que professores e alunos vão empreender:

Bons professores, como a aranha, sabem que lições, essas teias de palavras, não podem ser tecidas no vazio. Elas precisam de fundamentos. Os fios, por finos e leves que sejam, têm de estar amarrados a coisas sólidas: árvores, paredes, caibros. Se as amarras são cortadas, a teia é soprada pelo vento, e a aranha perde a casa. Professores sabem que isso vale também para as palavras: separadas das coisas, elas perdem seu sentido. Por si mesmas, elas não se sustentam. Como acontece com a teia de aranha, se suas amarras às coisas sólidas são cortadas, elas se tornam sons vazios: nonsense... (Rubem Alves, 2001: 19).

Prevejo, para além da explicitação desses princípios, antes de tudo, uma base teórica bem mais abrangente — que, naturalmente, não cabe nos limites deste trabalho — cujas aplicações práticas exigem, além de estudo, pesquisa e reflexão, a criatividade e o discernimento constantes dos professores.

Parece-me razoável supor que este não é o lugar adequado para descermos aos mínimos detalhes do *que-fazer* pedagógico. É evidente que pretendo atingir a realidade cotidiana da prática, da aplicação, mas quero fazê-lo através da indicação de implicações, de pistas, pelas quais os professores podem descobrir os jeitos daquele *quefazer* pedagógico. Tenho em mente um professor de português que é, além de educador, linguista e pesquisador (como propõe Marcos Bagno em toda a sua obra), alguém que, com base em princípios teóricos, científicos e consistentes, observa os fatos da língua, pensa, reflete, levanta problemas e hipóteses sobre eles e reinventa sua forma de abordá-los, de explicitá-los ou explicá-los. Esses fatos da língua somente vêm à tona nas práticas discursivas, das quais o texto é parte constitutiva. Por isso é que *só os textos podem constituir o objeto relevante de estudo da língua*.

Vamos aos princípios.

2.1. Explorando a escrita

Para fazer uma frase de dez palavras são necessárias umas cem.
MILLÔR FERNANDES

A escrita, como toda atividade interativa, implica uma relação cooperativa entre duas ou mais pessoas.

Uma atividade é interativa quando é realizada, conjuntamente, por duas ou mais pessoas cujas ações se interdependam na busca dos mesmos fins. Assim, numa *inter-ação* ("ação entre"), o que cada um faz depende daquilo que o outro faz também: a iniciativa de um é regulada pelas condições do outro, e toda decisão leva em conta essas condições. Nesse sentido, a escrita é tão interativa, tão dialógica, dinâmica e negociável quanto a fala.

Uma visão interacionista da escrita supõe, desse modo, encontro, parceria, envolvimento entre sujeitos, para que aconteça a comunhão das ideias, das informações e das intenções pretendidas. Assim, por essa visão se supõe que alguém selecionou alguma coisa a ser dita *a um outro alguém*, com quem pretendeu interagir, em vista de algum objetivo.

A atividade da escrita é, então, uma atividade interativa de expressão, (*ex-*, "para fora"), de manifestação verbal das ideias, informações, intenções, crenças ou dos sentimentos que queremos partilhar com alguém, para, de algum modo, interagir com ele. *Ter o que dizer* é, portanto, uma condição prévia para o êxito da atividade de escrever. Não há conhecimento linguístico (lexical ou gramatical) que supra a deficiência do "não ter o que dizer". As palavras são apenas a mediação, ou o material com que se faz a ponte entre quem fala e quem escuta, entre quem escreve e quem lê. Como mediação, elas se limitam a possibilitar a expressão do que é sabido, do que é pensado, do que é sentido. Se faltam as ideias, se falta a informação, vão faltar as palavras. Daí que nossa providência maior deve ser encher a cabeça de ideias, ampliar nosso repertório de informações e sensações, alargar nossos horizontes de percepção das coisas. Aí as palavras virão, e a crescente competência para a escrita vai ficando por conta da prática de cada dia, do exercício de cada evento, com as regras próprias de cada tipo e de cada gênero de texto. O grande equívoco em torno do ensino da língua tem sido o de acreditar que, ensinando análise sintática, ensinando nomenclatura gramatical, conseguimos deixar os alunos suficientemente competentes para ler e escrever textos, conforme as diversificadas situações sociais. Numa outra oportunidade, explorei a dimensão desse equívoco (ver Antunes, 2002).

A visão interacionista da escrita supõe ainda que existe o outro, o *tu*, com quem dividimos o momento da escrita. Embora o sujeito com quem interagimos pela escrita não esteja presente à circunstância da produção do texto, é inegável que tal sujeito existe e é imprescindível que ele seja levado em conta, em cada momento. Ou seja, a escrita, pelo fato de não requerer a presença simultânea dos interlocutores em interação, não deixa de ser um exercício da faculdade da linguagem. Como tal, existe para *servir à comunicação entre sujeitos*, os quais, cooperativa e mutuamente, se ajustam e se condicionam. Quem escreve, na verdade, *escreve para alguém*, ou seja, está *em interação com outra pessoa*. Essa outra pessoa é a medida, é o parâmetro das decisões que devemos tomar acerca do que dizer, do quanto dizer e de como fazê-lo.

Escrever sem saber para quem é, logo de saída, uma tarefa difícil, dolorosa e, por fim, é uma tarefa ineficaz, pois falta a referência do outro, a quem todo texto deve adequar-se. Como saber se dissemos de mais ou de menos? Como avaliar se fomos precisos, se fomos relevantes, se dissemos "com a palavra certa" aquilo que tínhamos a dizer? Sem o outro, do outro lado da linha, não há linguagem. Pode haver o treinamento mecânico e aleatório de emitir sinais, o que, na verdade, fora de certas situações escolares, ninguém faz. O outro, que caracteriza o ato inerentemente social da linguagem, paradoxalmente, só desaparece nas aulas de português, que até já se chamaram de aulas de "Comunicação e Expressão".

Como lembra Bakhtin (1995: 113):

> Na realidade, toda palavra comporta duas faces. Ela é determinada tanto pelo fato de que procede de alguém como pelo fato de que se dirige para alguém. (...) A palavra é uma espécie de ponte lançada entre mim e os outros. Se ela se apoia sobre mim numa extremidade, na outra apoia-se sobre o meu interlocutor. A palavra é o território comum do locutor e do interlocutor.

O professor não pode, sob nenhum pretexto, insistir na prática de uma escrita escolar sem leitor, sem destinatário; sem referência, portanto, para se decidir sobre o que vai ser escrito.

A escrita, na diversidade de seus usos, cumpre funções comunicativas socialmente específicas e relevantes.

Como uma das modalidades de uso da língua, a escrita existe para *cumprir diferentes funções comunicativas*, de maior ou menor relevância para a vida da comunidade. Se prestarmos atenção à vida das pessoas nas sociedades letradas, constatamos que a escrita está presente, como forma constante de atuação, nas múltiplas atividades dessas pessoas — no trabalho, na família, na escola, na vida social em geral — e, mais amplamente, como registro do seu patrimônio científico, histórico e cultural. Dessa forma, toda escrita responde a um propósito funcional qualquer, isto é, possibilita a realização de alguma atividade sociocomunicativa entre as pessoas e está inevitavelmente em relação com os diversos contextos sociais em que essas pessoas atuam. Pela escrita alguém informa, avisa, adverte, anuncia, descreve, explica, comenta, opina, argumenta, instrui, resume, documenta, faz literatura, organiza, registra e divulga o conhecimento produzido pelo grupo. Se "falar é uma forma de comportamento", como afirma Searle (1981: 27), escrever também o é. Ou seja, nunca dizemos nada, oralmente ou por escrito, que não tenha consequências (só a escola parece não ver isso.)

Em suma, *socialmente, não existe a escrita "para nada", "para não dizer", "para não ser ato de linguagem".* Daí por que não existe, em nenhum grupo social, a escrita de palavras ou de frases soltas, de frases inventadas, de textos sem propósito, sem a clara e inequívoca definição de sua razão de ser.

> A escrita varia, na sua forma, em decorrência das diferenças de função que se propõe cumprir e, consequentemente, em decorrência dos diferentes gêneros em que se realiza.

Vinculada àquela dimensão da funcionalidade da escrita está a outra dimensão da sua forma de realização e apresentação. Assim como se admite que não existe fala uniforme, realizada de forma igual em diferentes situações e usos, também a produção de textos escritos toma formas diferentes, conforme as diferentes funções que pretende cumprir.

Essas diferenças vão implicar diferenças de gêneros de texto[1], isto é, diferenças na forma de as diferentes partes do texto se distribuírem, se organizarem e se apresentarem sobre o papel. A chamada superestrutura do texto corresponde a essas formas diferentes de o texto organizar-se e apresentar-se em duas, três ou mais partes, numa sequência mais ou menos definida. Assim é que uma carta, um relatório, um aviso, um requerimento têm um jeito próprio, um jeito típico de acontecer, ou seja, são feitos de acordo com um certo modelo, com partes ou blocos mais ou menos estáveis, que vão suceder-se numa ordem também mais ou menos fixa.

Como os textos são de autoria das pessoas, delas unicamente provêm e a elas unicamente se destinam, tais modelos em que os gêneros de texto se manifestam são resultado de convenções históricas e sociais instituídas por essas mesmas pessoas. São convenções, como todas as outras, criadas, modifica-

---

[1] A questão "gêneros de texto" tem cada vez mais atraído a atenção dos pesquisadores, sobretudo, daqueles que se interessam por estabelecer uma ponte entre a linguística e a pedagogia do ensino de línguas. Já se encontra uma bibliografia razoável sobre o assunto — que deve ser cuidadosamente estudada pelos professores — e mais novidades estão por vir. Veja-se, como exemplo apenas, em português: Antunes (2002); Biasi-Rodrigues (2002); Brandão (2000); Dionisio, Machado & Bezerra (orgs.) (2011); Meurer & Motta-Roth (2002). Estes dois últimos trazem muitos trabalhos sobre a questão dos gêneros.

das ou deixadas de lado, sempre que for necessário fazê-lo. Neste âmbito, também se pode constatar a natureza complexa da linguagem, que é, por um lado, prototípica, regida por modelos e padrões e, por outro, flexível, passível de alterações e mudanças.

Assim, como já se ressaltou em outro trabalho (Antunes, 1998), o paradoxo da variação e da organização estável dos textos é apenas o reflexo da natureza mesma da linguagem, definida como sujeita à tradição e, ao mesmo tempo, subordinada à ação livre dos falantes. Se, por um lado, como admite Saussure (1973), uma língua é "radicalmente incapaz de se defender" dos fatores que, constantemente, a deslocam (p. 90), por outro, a solidariedade com o passado restringe e controla esse inevitável deslocamento (p. 88).

Os gêneros de textos evidenciam essa natureza altamente complexa das realizações linguísticas: elas são diferentes, multiformes, mutáveis, em atendimento à variação dos fatores contextuais e dos valores pragmáticos que incluem e, por outro lado, são prototípicas, são padronizadas, são estáveis, atendendo à natureza social das instituições sociais a que servem.

Em síntese, uma escrita uniforme, sem variações de superestrutura, de organização, de sequência de suas partes, corresponde a uma escrita sem função, artificial, mecânica, inexpressiva, descontextualizada, convertida em puro treino e exercício escolar, que não estimula nem fascina ninguém, pois se esgota nos reduzidos limites das próprias paredes escolares.

A escrita supõe condições de produção e recepção diferentes daquelas atribuídas à fala.

Todo evento de fala corresponde a uma interação verbal que se desenvolve durante o tempo em que dois ou mais interlocutores, em *situação de copresença, alternam seus papéis de falante e ouvinte.* O discurso vai sendo, assim, coletivamente produzido, negociado, ao mesmo tempo em que vai sendo planejado, e sua sequência é determinada, quase sempre, na própria continuidade do diálogo.

A escrita corresponde a uma outra modalidade de interação verbal: a modalidade em que a *recepção é adiada*, uma vez que os sujeitos atuantes não ocupam, ao mesmo tempo, o mesmo espaço. Além disso, há um lapso de tempo, maior ou menor, entre o ato de elaboração do texto pelo autor e o ato de sua leitura pelo leitor. Como lembram Faraco & Tezza (2003: 10): "O homem inventou a escrita, há milhares de anos, quando só a conversa não conseguia dar conta de todas as suas necessidades".

Essas diferentes condições de produção da escrita dão a quem escreve a possibilidade de conceder uma parcela de tempo maior à *elaboração verbal* de seu texto, bem como a possibilidade de rever e recompor o seu discurso, sem que as marcas dessa revisão e dessa recomposição apareçam. Daí a ilusão de que a versão escrita que aparece divulgada — arranjada e bem escrita — corresponde à versão inicial do autor. Daí a outra ilusão — maior ainda — de que a escrita é mais bem elaborada, é mais "certa" que a fala.

Além desse maior tempo na elaboração do texto escrito, vale a pena lembrar que é bem mais comum à escrita a referência a pessoas, propriedades e objetos ausentes da situação, o que requer uma maior explicitação linguística dessas referências, ampliando-se e diversificando-se, assim, na escrita, o emprego das unidades lexicais e de formulações sintáticas mais completas. Os sinais de pontuação e o uso explícito de conectivos, entre muitos outros recursos, tendem a suprir instruções que, na fala, são dadas por recursos como a entonação, as pausas, os acentos de voz etc. (cf. Kato, 1986).

Evidentemente, convém chamar a atenção para o fato de que *não existe um padrão único de fala, como não existe também um padrão único de escrita.* Não falamos nem escrevemos todos do mesmo jeito, em qualquer situação ou para quaisquer interlocutores. Falamos e escrevemos, com maior ou menor formalidade, mais ou menos à vontade, com maior ou menor espontaneidade e fluência. Há momentos, de fala ou de escrita, em que tudo o que vai ser dito pode ser dito sem muita ou sem nenhuma formalidade, como há momentos em que tudo precisa ser cuidadosamente planejado e controlado.

Naturalmente, a diferença que pretendo ressaltar aqui é aquela entre a fala mais informal e a escrita mais formal. Quanto maior for a distância entre as duas, mais salientes serão as diferenças. A fala informal está normalmente presente nos contextos mais corriqueiros da conversação coloquial e caracteriza-se, em geral, por um vocabulário comum, restrito a esses contextos corriqueiros, por uma sintaxe permeada de expressões fáticas ("não é?", "sabe como é?", "tá ligado?", "certo"), de hesitações, de superposições ou de frases inacabadas (não que isso signifique "erro" ou desleixo). Sua coesão, além de outros aspectos discursivos, é estabelecida por meio de recursos paralinguísticos (como os gestos, as expressões faciais) e suprassegmentais (como a entonação, o aumento da intensidade, o alongamento das vogais, as pausas). Além disso, a presença de referentes concretos deixa, quase sempre, o texto falado informalmente cheio de incompletudes e "vaguezas", o que não afeta a coerência do que é dito, pois são facilmente supridas pelo contexto.

Daí que apenas a fala informal não pode servir de suporte para o desenvolvimento da compreensão de como acontece a escrita de textos formais. Ou seja, só pelo contacto com textos escritos formais é que se pode apreender a formulação própria da escrita formal. Consequentemente, só com textos orais os alunos não chegam à competência para o texto escrito (e não esperemos por milagres!)

No interior de um elevador, constava uma placa com os seguintes dizeres:

Atenção
Capacidade licenciada: 6 passageiros ou 420 kg
A utilização acima destes limites é perigosa e ilegal
sujeitando os infratores às penalidades da legislação.

Pode-se prever que, em contextos da fala informal, as informações que são dadas neste texto teriam uma formulação bem diferente. Certamente, as palavras seriam outras, a composição das frases seria outra.

Sem pretender estabelecer um marco nitidamente divisório entre a fala e a escrita — até porque, na verdade, há muito mais de semelhante entre as duas do que de diferente —, sem pretender os muitos simplismos com que a fala e a escrita têm sido distinguidas[2], vale a pena, contudo, chamar a atenção para as diferentes condições de produção de uma e de outra e ter em conta como essas diferenças interferem na sua realização concreta.

A escrita compreende etapas distintas e integradas de realização (planejamento, operação e revisão), as quais, por sua vez, implicam da parte de quem escreve uma série de decisões.

Elaborar um texto escrito é uma tarefa cujo sucesso não se completa, simplesmente, pela codificação das ideias ou das informações, através de sinais gráficos. Ou seja, produzir um texto escrito não é uma tarefa que implica apenas o ato de escrever. Não começa, portanto, quando tomamos nas mãos papel e lápis. Supõe, ao contrário, várias etapas, interdependentes e intercomplementares, que vão desde o planejamento, passando pela escrita propriamente, até o momento posterior da revisão e da reescrita. Cada etapa cumpre, assim, uma função específica, e a condição final do texto vai depender de como se respeitou cada uma destas funções.

À primeira etapa, a *etapa do planejamento*, corresponde todo o cuidado de quem vai escrever para:

---

[2] Para aprofundar esta questão da relação entre fala e escrita, vale a pena, entre outras leituras, a consulta a Marcuschi (2001), principalmente o primeiro capítulo, onde o autor apresenta uma síntese das várias perspectivas em que a fala e a escrita são observadas.

a. delimitar o tema de seu texto e aquilo que lhe dará unidade;
b. eleger os objetivos;
c. escolher o gênero;
d. delimitar os critérios de ordenação das ideias;
e. prever as condições de seus leitores e a forma linguística (mais formal ou menos formal) que seu texto deve assumir.

Na escolha dos critérios de ordenação das ideias, é relevante prever como a informação vai ser distribuída ao longo do texto, isto é, por onde se vai começar, que sequência se vai adotar, como se vão dividir os tópicos em subtópicos e em que ordem eles vão aparecer. É o momento de delinear a planta do edifício que se vai construir.

À segunda etapa, *a etapa da escrita*, corresponde a tarefa de *pôr no papel*, de registrar o que foi planejado. É a etapa da escrita propriamente dita, do registro, quando concretamente quem escreve vai seguir a planta esboçada e dar forma ao objeto projetado (imagine o que é fazer uma construção sem planejamento!). É quando aquele que escreve toma as decisões de ordem lexical (a escolha das palavras) e de ordem sintático-semântica (a escolha das estruturas das frases), em conformidade com o que foi anteriormente planejado e, evidentemente, em conformidade, ainda, com as condições concretas da situação de comunicação. Sempre atento, sempre em estado de *reflexão*, para garantir sentido, coerência, relevância.

À terceira etapa, a *etapa da revisão e da reescrita*, corresponde o momento de análise do que foi escrito, para aquele que escreve confirmar se os objetivos foram cumpridos, se conseguiu a concentração temática desejada, se há coerência e clareza no desenvolvimento das ideias, se há encadeamento entre os vários segmentos do texto, se há fidelidade às normas da sintaxe e da semântica — conforme preveem as regras de estrutura da língua — se respeitou, enfim, aspectos da superfície do texto, como a ortografia, a pontuação e a divisão do texto em parágrafos. É, como disse, a hora da revisão (da primeira, talvez), para decidir sobre o que fica, o que sai, o que se reformula. Como afirmou Hemingway: "A cesta de papéis é o primeiro móvel na casa de um escritor"[3].

A natureza interativa da escrita impõe esses diferentes momentos, esse vaivém de procedimentos, cada um implicando análises e diferentes decisões de alguém que é sujeito, que é autor de um dizer e de um fazer, para outro ou outros sujeitos, também ativos e cooperantes.

Carlos Drummond de Andrade parecia bastante consciente das exigências de uma escrita cuidadosa (que supõe tempo e disposição para planejar, fazer e refazer), quando anotou em seu diário:

> Março 12. Tanto trabalho para redigir a carta de resposta a uma diretora de serviço público que me mandou observações sobre uma crônica que publiquei no *Jornal do Brasil*. Problema: achar o tom adequado, a palavra justa, a expressão medida e insubstituível, nem mais

---

[3] O mesmo Hemingway registrou: "Reescrevi trinta vezes o último parágrafo de *Adeus às Armas* antes de me sentir satisfeito". A Voltaire é atribuída a seguinte citação: "Perdoe-me, senhora, se escrevi carta tão comprida. Não tive tempo de fazê-la curta".

nem menos. Chego à conclusão de que *escritor é aquele que não sabe escrever, pois quem não sabe escreve sem esforço*. Já Manuel Bandeira era de outra opinião: "Se você faz uma coisa com dificuldade, é que não tem jeito para ela." Duvido. (grifo meu)

Carlos Drummond de Andrade,
O observador no escritório

A realidade de nossas salas de aula mostra exatamente o contrário, pois a falta de esforço, a improvisação e a pressa com que nossos alunos escrevem parecem indicar que lhes sobra competência e arte. Esquecemos, como disse alguém, que *"o que é escrito sem esforço é geralmente lido sem prazer"*.

Para facilitar a compreensão das distintas etapas da produção escrita de um texto, mostradas anteriormente, talvez valha a pena conferir o esquema a seguir.

Etapas distintas e intercomplementares implicadas na atividade da escrita

1. PLANEJAR	2. ESCREVER	3. REESCREVER
É a etapa para o sujeito:	**É a etapa para o sujeito:**	**É a etapa para o sujeito:**
ampliar seu repertório;	pôr no papel o que foi planejado;	**rever** o que foi escrito;
delimitar o tema e escolher o ponto de vista a ser tratado;	realizar a tarefa motora de escrever;	**confirmar** se os objetivos foram cumpridos;
eleger o **objetivo,** a finalidade com que vai escrever; ▼	cuidar para que os itens planejados sejam todos cumpridos. ▼	Avaliar a **continuidade temática;** ▼

escolher os critérios de **ordenação das ideias, das informações**;		observar a **concatenação** entre os períodos, entre os parágrafos; ou entre os blocos superparagráficos;
prever as condições dos possíveis **leitores**;		avaliar a **clareza** do que foi comunicado; avaliar a **adequação** do texto às condições da situação;
considerar a **situação** em que o texto vai circular;	Enfim, essa é uma **etapa intermediária**, que prevê a atividade anterior de planejar e a outra posterior de rever o que foi escrito.	rever a fidelidade de sua formulação linguística às normas da **sintaxe** e da **semântica**, conforme prevê a gramática da estrutura da língua;
decidir quanto às estratégias textuais que podem deixar o texto adequado à situação;		rever aspectos da superfície do texto, tais como a **pontuação, a ortografia** e a **divisão** do texto **em parágrafos.**
estar seguro quanto ao que pretende dizer a seu parceiro; enfim, estar seguro quanto ao núcleo de suas ideias e de suas intenções.	Normalmente, a escola tem concentrado sua atenção na etapa de escrever e tem enfocado apenas a escrita gramaticalmente correta.	

Como se vê, não basta o cumprimento da etapa de escrever. É preciso que se providencie uma etapa anterior e uma outra posterior à escrita propriamente. Cada uma tem uma função de grande importância para que nossas produções linguísticas resultem adequadas e relevantes.

Possivelmente, a qualidade, por vezes pouco desejável, dos textos escritos por nossos alunos se deva também à falta de oportunidade para que eles planejem e revejam esses textos. A prática das "redações" escolares — normalmente realizada num limite escasso de tempo, frequentemente improvisada e sem objetivos mais amplos que aquele de simplesmente escrever — leva os alunos a produzir textos de qualquer maneira, sem um planejamento prévio e, ainda, sem uma diligente revisão em busca da *melhor forma de dizer aquilo que se pretendia comunicar*. Essa busca da "melhor forma" fica sinalizada no texto pelas rasuras, que indicam exatamente a outra opção que pareceu mais adequada que a anterior. O professor, normalmente, tem inibido o uso da rasura, deixando passar a falsa ideia de que palavra certa já se encontra na primeira tentativa. Como lembra Calil (1998: 59): "Para a Escola, a rasura é apenas uma marca que deve ser eliminada", pois suja o texto que, por isso mesmo, deve ser passado a limpo[4]. Apagam-se, assim, os

[4] Vale a pena a leitura do livro de Eduardo Calil, intitulado *Autoria: a criança e a escrita de histórias inventadas*. Nesse trabalho, o autor faz uma análise bastante interessante acerca do que podem significar as rasuras que as crianças fazem na produção de seus textos. De fato, seria proveitoso que o professor de português procurasse não desperdiçar o sentido que as rasuras podem ter. São indícios, são sinais. Muitas ideias poderiam nascer daí.

sinais de que entre a primeira versão e o texto passado a limpo houve uma leitura avaliativa e se decidiu por uma outra forma considerada mais adequada.

A maturidade na atividade de escrever textos adequados e relevantes se faz assim, e é uma conquista inteiramente possível a todos — mas é "uma conquista", "uma aquisição", isto é, não acontece gratuitamente, por acaso, sem ensino, sem esforço, sem persistência. Supõe orientação, vontade, determinação, exercício, prática, tentativas (com rasuras, inclusive!), aprendizagem. Exige tempo, afinal.

A escrita, enquanto sistema de codificação, é regida por convenções gráficas, oficialmente impostas.

Existe, para os padrões da escrita, um conjunto de convenções que estipulam a forma como as palavras devem ser grafadas. Em alguns contextos, é possível estabelecer uma série de regras que determinam o emprego de certos grafemas, os quais, como se sabe, não correspondem univocamente aos sons dos fonemas. No caso do português, as convenções ortográficas obedecem, em geral, a motivos etimológicos (relativos à origem das palavras) e só muito raramente sofrem alterações.

Como convenções, as regras ortográficas devem ser estudadas, exploradas e progressivamente dominadas. No entanto, deve-se ter todo o cuidado para prestar atenção a outros aspectos do texto, para além da correção ortográfica. A tradição escolar tem conferido, por vezes, uma importância exagerada ao domínio da ortografia, criando a impressão de que basta a correção ortográfica para garantir a competência de escrever bons textos. Não raramente, a referência das pessoas ao fato de que "os alunos não sabem escrever" tem como pressuposto a constatação de que eles escrevem com erros de ortografia. Na verdade — e a escola deve cuidar para que isso aconteça — é de se esperar que, ao final do ensino médio, os alunos não demonstrem dificuldades ortográficas. O mais elementar é que eles dominem as regras, às vezes meio aleatórias, da ortografia; mas apenas isso não pode constituir o ideal da escrita adequada e relevante, embora não possa deixar de merecer cuidado.

2.1.1. *Implicações pedagógicas*

O conjunto de princípios acima apresentados contém, inevitavelmente, uma série de implicações pedagógicas. Isto é, aceitar aqueles princípios *implica* aceitar determinadas perspectivas, escolher determinadas atividades e atitudes práticas. Noutras palavras, não podemos concordar com aqueles princípios sem adotarmos determinadas práticas. Uma coisa leva naturalmente à outra.

Por essas implicações, o professor de português deve intervir para que o trabalho com a escrita tenha as características que passamos a enumerar.

- *Uma escrita de autoria também dos alunos* — A produção de textos escritos na escola deve incluir também os alunos como seus autores. Que eles possam "sentir-se sujeitos" de um certo dizer que circula na escola e superar, assim, a única condição de leitores desse dizer. Como observaram Ferreiro & Palácio (1987), a escrita escolar, como produção de textos, se distribui desigualmente entre professores e alunos. São muitas as oportunidades da vida da escola em que os alunos poderiam atuar como autores de textos. Essa prática, além do mais, colocaria os alunos na circunstância de exercitar a participação social pelo recurso da escrita.

- *Uma escrita de textos* — A escrita escolar deve realizar-se também com o fim de, por ela, se estabelecerem *vínculos comunicativos*. Nessa dimensão, não pode deixar de ser, sempre, *escrita de textos;* de textos relacionados com o que se passa no ambiente social em que vivem os alunos. A escrita de palavras ou de frases soltas só faz inibir a competência que é necessária para a produção de textos coesos e coerentes, que é a competência para juntar, para articular palavras, orações, períodos, parágrafos. É com essa articulação que nos expressamos naturalmente. Ninguém sai por aí "formando frases". Socialmente, o que conta é nossa capacidade para totalizar, para integrar, num plano global, os dados de nosso dizer. Contraditoriamente, só nas aulas de português é que se exercita a artificialidade de formar frases, o que nega, como vimos, a própria forma da linguagem acontecer.

- *Uma escrita de textos socialmente relevantes* — As propostas para que os alunos escrevam textos devem corresponder aos diferentes usos sociais da escrita — ou seja, devem corresponder àquilo que, na verdade, se escreve fora da escola — e, assim, sejam textos de gêneros que têm uma função social determinada, conforme as práticas vigentes na sociedade. A famosa "redação" — que aparece sempre como um texto de caráter dissertativo — parece ter assumido a condição de gênero escolar único, pois pouca coisa diferente se escreve na escola, sobretudo nas séries do Ensino Médio. Não admira, pois, que, mais tarde, escrever qualquer outro gênero de texto se torne uma tarefa praticamente inviável. Voltaremos a esse ponto mais adiante para sugerir a escrita de diferentes gêneros de texto.

- *Uma escrita funcionalmente diversificada* — As diferenças formais que os textos exigem (diferenças na escolha das palavras, na estruturação sintática das orações e dos períodos, na organização do texto) decorrem das diferentes funções que esses textos têm a cumprir. Assim, cada jeito diferente de escrever um texto ganha sentido e se justifica porque responde a uma diferente função interativa. Não é o mesmo escrever um texto com função apelativa ou com função informativa, por exemplo. Impossível é escrever bem um texto sem saber que função ele vai cumprir ou, pior, sabendo que ele apenas vai cumprir a função de ser exercício escolar e, dessa maneira, pode ser de qualquer jeito.
- *Uma escrita de textos que têm leitores* — Os textos dos alunos, exatamente porque são atos de linguagem, devem ter leitores, devem dirigir-se a um alguém concreto. Quando possível, a leitores reais, a leitores diversificados, que podem ser

previstos e devem ser tidos em conta no momento da escrita, para que, como já dissemos, quem escreve possa tomar as devidas decisões na seleção *do que dizer* e *de como fazê-lo.*

- *Uma escrita contextualmente adequada* — As particularidades lexicais e sintáticas da escrita formal, própria dos contextos da comunicação pública, ou aquelas da interação coloquial privada, somente podem ser entendidas se a escola providenciar contextos diferentes, nos quais esses padrões sejam reconhecidos como adequados. Nessa perspectiva, o bom texto será não obrigatoriamente o texto correto, mas, inevitavelmente, o texto adequado à situação em que se insere o evento comunicativo. Dessa forma, não é "a gramática" apenas que vai dizer se o texto está bom ou não: são as *regras sociais* presentes no espaço de circulação do texto que definem sua qualidade. Tem faltado ao professor esse olhar para as situações de uso da língua. Tem sobrado o olhar para o que a gramática prescreve, independentemente de qualquer contexto.

- *Uma escrita metodologicamente ajustada* — Todas as providências devem ser tomadas para que os alunos tenham as necessárias condições de tempo e de planejamento para construir seus textos. Como vimos no quadro exposto atrás, qualquer texto deve ser devidamente *planejado*, *escrito* e *revisado*. O ideal é que se crie, com os alunos, a prática do planejamento, a prática do rascunho, a prática das revisões, de maneira que a primeira versão de seus textos tenha sempre um caráter de produção provisória, e os alunos possam viver, como coisa natural, a experiência de fazer e refazer seus textos, tantas vezes sejam necessárias, assim como fazem aqueles que se preocupam com a qualidade do que escrevem. Talvez seja preferível que os alunos escrevam menos, mas que possam revisar seus textos, até mais de uma vez, tornando-se essa revisão, assim, um hábito já previsto nas atividades escolares com a escrita.

- *Uma escrita orientada para a coerência global* — Entre tantos aspectos, o ideal será que o professor conceda a maior atenção aos aspectos centrais da organização e da compreensão do texto, tais como a clareza e a precisão da linguagem (a escolha da palavra certa), a adequação das expressões à função do texto e aos elementos de sua situação, o encadeamento dos vários segmentos do texto, bem como o sentido, a relevância e o interesse daquilo que é dito. A fixação nos padrões da correção ortográfica, por exemplo, desviou a atenção do professor que, dessa forma, deixou de perceber a coesão, a coerência, a informatividade, a clareza, a concisão e outras propriedades do texto.
- *Uma escrita adequada também em sua forma de se apresentar* — Aspectos da superfície do texto devem merecer o devido cuidado. A ortografia, os sinais de pontuação (que devem ser percebidos na sua estreita relação com a coerência, com o valor informativo e expressivo das unidades do texto), a organização das várias subpartes do texto (que transparece na subdivisão do texto em diferentes parágrafos) constituem sinais da

competência de quem escreve para se adequar às exigências da situação comunicativa. Um texto funciona como um *mapa*: com instruções, com pistas, com indicações que precisam ser seguidas. O cuidado com a apresentação desse mapa faz parte da cooperação do escritor com o leitor, para que ele chegue aos sentidos e às intenções pretendidos.

Como se pode ver, há muito o que fazer de extremamente relevante numa sala de aula de português. Com certeza, explorando cada uma das implicações apresentadas acima, não vai sobrar tempo para que aconteçam as intermináveis classificações morfológicas e os inócuos exercícios de análise sintática. Vai ficar gente sem saber distinguir o complemento do adjunto adnominal. Mas vai ter muita gente escrevendo bem melhor, com mais clareza e precisão, dizendo as coisas com sentido e do jeito que a situação social pede que se diga. E aí teremos, de fato, autores. Gente que tem uma palavra a dizer e sabe como dizer. Dessa forma, acima de tudo, a escola terá cumprido seu papel social de intervir mais positivamente na formação das pessoas para o pleno exercício de sua condição de cidadãs. Já não é sem tempo!

2.2. Explorando a leitura

Ler é outro modo de ouvir.
Marcos Bagno

A leitura é parte da interação verbal escrita, enquanto implica a participação cooperativa do leitor na interpretação e na reconstrução do sentido e das intenções pretendidos pelo autor.

A atividade da leitura completa a atividade da produção escrita. É, por isso, uma *atividade de interação entre sujeitos* e supõe muito mais que a simples decodificação dos sinais gráficos. O leitor, como um dos sujeitos da interação, atua participativamente, buscando recuperar, buscando interpretar e compreender o conteúdo e as intenções pretendidos pelo autor.

Nessa busca interpretativa, os elementos gráficos (as palavras, os sinais, as notações) funcionam como verdadeiras "instruções" do autor, que não podem ser desprezadas, para que o leitor descubra significações, elabore suas hipóteses, tire suas conclusões. Palavrinhas que poderiam parecer menos importantes, como *até, ainda, já, apenas*, e tantas outras, são pistas significativas em que devemos nos apoiar para fazer nossos cálculos interpretativos. Todo esforço para entender essas instruções — isto é, o que está sobre a folha de papel — só se justifica pelo que elas, as instruções, representam para a compreensão global do ato comunicativo do qual o texto é suporte.

Evidentemente, tais instruções "sobre a folha do papel" não representam tudo o que a gente precisa saber para entender o texto. Muito, mas muito mesmo, do que se consegue apreender do texto faz parte de nosso "conhecimento prévio", ou seja, é anterior ao que lá está. Um texto seria inviável se tudo tivesse que estar explicitamente presente, explicitamente posto. O que é pressuposto como já sabido, o que é presumível a partir do conhecimento que temos acerca de como as coisas estão organizadas, naturalmente, já não precisa ser dito. Com base neste princípio é que van Dijk (1984) diz que os textos são inevitavelmente incompletos e que um texto hipercompleto seria incoerente, além de comunicativamente inadequado.

Lembro-me de um texto, que circulou há poucos anos atrás, no qual se fazia propaganda do Carnaval de Pernambuco e em que se dizia:

> *Carnaval de Pernambuco: o melhor do Brasil. Do Galo ao Bacalhau.*

Certamente, quem não soubesse que existem dois blocos carnavalescos, "O Galo da Madrugada" e "O Bacalhau do Batata", que, respectivamente, iniciam e fecham os dias do Carnaval no Recife e em Olinda, não tinha condições de entender o anúncio. Mesmo que consultasse um dicionário ou uma gramática do português. Só o conhecimento daquelas informações é que poderia sustentar uma interpretação coerente do texto em questão.

Um outro exemplo digno de nota está numa matéria publicada pela revista *Veja*, por ocasião das comemorações dos 500 anos do Descobrimento. O texto começava dizendo: "*As comemorações dos 500 anos naufragaram em ritmo de samba-enredo*". E mais adiante concluía: "*A festa dos 500 anos acabou na Marquês de Sapucaí*". Ora, nem mesmo os falantes de português entenderão esse trecho se não souberem: primeiro, que a Marquês de Sapucaí de que se fala aqui é uma avenida da cidade do Rio de Janeiro; segundo, o que lá acontece cada ano e, terceiro, o valor cultural e simbólico desse acontecimento. Mantendo a analogia, o texto finalizava com esse outro trecho: "*Muito discurso, muito lufa-lufa, muito mau teatro de todos os lados, e, no fim, todo mundo de volta à rotina na Quarta-Feira de Cinzas*". Outra vez se pode perceber o quanto a interpretação de um texto depende de outros conhecimentos além do conhecimento da língua. O professor de português não pode deixar de reconhecer a importância desse princípio e, por isso, não pode ficar tão preso aos conhecimentos especificamente linguísticos. Para finalizar esse ponto, não posso deixar de referir que uma alusão ao insucesso das comemorações foi feita com a seguinte observação: *"De nau a pior"*, o que supõe também muitos saberes para além dos gramaticais. Não é muito interessante tudo isso?

Continuemos essa linha de análise. Quando lemos uma placa com os dizeres: *Curva perigosa*, interpretamos que não se trata apenas de uma informação. Com essa placa, não estão apenas querendo nos dizer que naquele lugar existe uma "curva perigosa". Na verdade, nosso conhecimento de outras situações nos faz interpretar esses dizeres como sendo uma "advertência", o que passa a ter sobre nós um efeito bem diferente. Da mesma forma, se chegamos atrasados a uma reunião e dizemos: *O trânsito está horrível,* não estamos simplesmente trazendo uma informação, mas estamos desculpando-nos de um atraso indesejável. Todo texto tem um percentual maior ou menor dessa dependência de conhecimentos que são anteriores ao texto.

Em síntese, os sinais (palavras e outros) que estão na superfície do texto são elementos imprescindíveis para sua compreensão, mas não são os únicos. O que está no texto e o que constitui o saber prévio do leitor se completam neste jogo de reconstrução do sentido e das intenções pretendidos pelo texto. É preciso que o professor entre pelo conhecimento da pragmática, para "abrir" os horizontes com que vai perceber esse jogo da linguagem.

A leitura é uma atividade de acesso ao conhecimento produzido, ao prazer estético e, ainda, uma atividade de acesso às especificidades da escrita.

Este princípio, como se pode ver, se desdobra em três pontos. Vejamos.

A atividade da leitura favorece, num primeiro plano, a *ampliação dos repertórios de informação* do leitor. Na verdade, por ela, o leitor pode incorporar novas ideias, novos conceitos, novos dados, novas e diferentes informações acerca das coisas, das pessoas, dos acontecimentos, do mundo em geral.

Nesse sentido, a leitura escolar dos *textos de outras disciplinas* representa uma oportunidade bastante significativa de aquisição de novas informações. Como se sabe, informações de um texto de geografia ou de história podem ser bastante relevantes para apoiar os argumentos apresentados num comentário, por exemplo. A quase extrema obviedade de certos textos dos alunos (quando dizem o que todo mundo já sabe) ou, pelo menos, a sua irrefutável irrelevância (quando dizem o que não precisa ser dito), comprometem a qualidade desses textos.

E pobreza de repertório, falta de informação, não ter o que dizer não são problemas que se solucionam com regras de gramática nem com exercícios de análise sintática. Para escrever bem, é preciso, antes de tudo, *ter o que dizer*, conhecer o objeto sobre o qual se vai discorrer. O grande tempo destinado à procura dos dígrafos, dos encontros consonantais, à classificação das funções do QUE e outras questões semelhantes (pobres questões!) poderia ser muito mais bem aproveitado com a leitura e análise (diária!) de textos interessantes, ricos em ideias ou imagens, sejam eles literários ou não. Esse comentário me lembra uma passagem de Rubem Alves, que, falando de sua experiência escolar, diz:

> Estudei muito a análise sintática. Sofri tanto que, naquele tempo, escrevi num relatório para o colégio em que estudei, o Andrews, no Rio, que eu queria ser engenheiro; eu era bom em matemática, mas não gostava das coisas da língua. A análise sintática me ensinou a ter raiva da literatura. Só muito mais tarde, depois de esquecer tudo o que aprendera na análise sintática, aprendi as delícias da língua. (...) Lia e me entregava ao puro prazer de ler.

Num segundo plano, a leitura possibilita *a experiência gratuita do prazer estético*, do ler pelo simples gosto de ler. Para admirar. Para deleitar-se com as ideias, com as imagens criadas, com o jeito bonito de dizer literariamente as coisas. Sem cobrança, sem a preocupação de qualquer prestação de contas posterior. Apenas sentindo e, muitas vezes, dizendo: "Que coisa bonita!" Outra vez Rubem Alves (2001: 27-28), para nos lembrar que:

> as palavras também podem ser objetos de fruição, se nos ligamos a elas pela mesma razão que nos ligamos a um pôr do sol, a uma sonata, a um fruto: pelo puro prazer que nelas mora... Brinquedos, fins em si mesmas, palavras que não são para ser entendidas, são comida para ser comida: o caminho da poesia.

É para este plano de leitura que se destinam os textos literários: romances, contos, crônicas, poemas (esses, sobretudo). Reduzi-los a objetos de análise sintática, a pretexto para exercício de ortografia, por exemplo, é uma espécie de profanação, pois é esvaziá-los de sua função poética e ignorar a arte que se pretendeu com o arranjo diferente de seus elementos linguísticos[5]. O gosto e o encantamento por esta função poética dos textos literários, como todos os outros gostos e encantamentos, precisam ser cultivados, estimulados, exercitados. Há uma imensa maioria de livros didáticos que parecem desconhecer esse princípio. Ou, como observa Rubem Alves, "são raríssimos os casos de amor à leitura desenvolvido nas aulas de estudo formal da língua." Em *Conversas com quem gosta de ensinar* (p. 84), o mesmo autor comenta: "E agora eu me perguntaria sobre o discurso que tem fluído de nossas práticas educativas, do jardim da infância às pós-graduações... Que amores têm sido inflamados? Que ausências têm sido choradas e celebradas? Que horizontes utópicos têm sido propostos?"

A título de ilustração, valia a pena transcrever aqui uma proposta de atividade apresentada em um livro didático a partir de um texto poético. Vejamos o texto.

---

[5] Os livros didáticos, apesar de tantas orientações em contrário, ainda trazem poemas ou outro gênero de texto literário simplesmente para explorar questões de análise sintática ou de ortografia. Por exemplo, o "Soneto da Separação", de Vinicius de Moraes, era explorado num livro com a finalidade de mostrar que a expressão "de repente" se escreve assim e, não, "derrepente". Pode-se dizer: "Mal empregado soneto!".

Ave alegria
Sylvia Orthof

Ave alegria,
Cheia de graça,
o amor é contigo,
bendita é a risada
e a gargalhada!
Salve a justiça
e a liberdade!
Salve a verdade,
a delicadeza
e o pão sobre a mesa!
Abaixo a tristeza!
Ave alegria!

Na proposta de exploração desse texto, primeiro, a única observação feita era: "*Ave = salve (é uma interjeição")*. Não se encontrou outra coisa mais interessante senão indicar a classe gramatical a que pertence a palavra. Segundo: o que se pede ao aluno é o seguinte: "*Escreva três substantivos e forme frases com eles*". Como se pode ver, no texto todos os substantivos vêm dentro de um retângulo, tirando do aluno até mesmo a tarefa de descobrir que palavras seriam essas. (Ó céus! Ó vida! — como geme a hiena do desenho animado!)

Essa atividade, além de "matar" toda a poesia do texto, porque nem a reconhece, favorece, no final, a que o aluno exercite a "competência" de formar frases soltas, o que, como se sabe, vai na direção oposta da textualidade. Merece comentar ainda que o único critério para selecionar as palavras que hão de constituir as frases é outra vez o da classe de palavras. Será que não haveria outras motivações para se explorar esse texto?

Bastava começar pela graça da sua intertextualidade (depois, é claro, de se falar sobre "intertextualidade" e de sua função nos textos) e recuperar a clara alusão que se faz no poema à oração da "Ave-Maria". Para isso, o professor poderia identificar no texto os segmentos que retomam explicitamente a conhecida prece, como: "Ave", "cheia de graça", "é contigo" (poderia até, dependendo da série, apresentar a versão original da "Ave-Maria", para que esse confronto fosse ainda mais revelador). Nessa mesma linha de análise, poderia ainda recuperar outros pequenos textos ou expressões que remetem para outras preces bem conhecidas, como, apenas para dar um exemplo, "o pão nosso de cada dia", expressão tão comumente reutilizada em muitas alusões textuais. Útil também poderia ser a exploração da associação semântica entre as palavras do texto, todas remetendo para um campo semântico positivo: "alegria", "graça", "amor", "risada", "gargalhada", "justiça", "liberdade", "verdade", "delicadeza" e, por metonímia, "pão sobre a mesa". Se poderia observar ainda que a única palavra que se opõe a esse quadro positivo é a palavra "tristeza", justificada pelo uso do "abaixo", em razão do que a série de palavras mencionada recupera sua orientação positiva. Nesse ponto, valeria a pena considerar ainda que palavras como "alegria" e "tristeza" podem aparecer no texto em uma mesma direção de sentido, ou seja, como não antônimas, bastando para isso o acréscimo de uma palavra de valor negativo como "abaixo", "não" ou outra equivalente. Também se poderia mostrar a equivalência semântica entre as palavras "ave" e "salve" (e explorar os contextos de ocorrência dessas palavras), além de se chamar atenção para a densidade e concisão do texto que se expressa pelo uso apenas de substantivos, sem nenhuma "restrição" adjetival. Poderia ainda merecer um comentário o uso de tantos pontos de exclamação, justificado, é claro, pelo teor altamente expressivo do texto. Além disso, se o professor considerar oportuno, poderia derivar do tema ou da forma desse texto propostas de outras produções. Evidentemente, todo esse trabalho deve ser posterior a uma *emocionada* leitura e releitura do texto, para que, antes de tudo, possamos desenvolver no aluno o *gosto* e o *afeto* pela apreciação da literatura.

Num terceiro e último plano, e de forma mais específica, a atividade da leitura permite, ainda, que se compreenda o que é típico da escrita, principalmente o que é típico da escrita formal dos textos da comunicação pública[6].

Quer dizer, é pela leitura que se apreende o *vocabulário* específico de certos gêneros de textos ou de certas áreas do conhecimento e da experiência. É pela leitura, ainda, que apreendemos os *padrões gramaticais* (morfológicos e sintáticos) *peculiares à escrita,* que apreendemos as *formas de organização sequencial* (como começam, continuam e acabam certos textos) *e de apresentação* (que formas assumem) *dos diversos*

---

[6] Sabe-se que a escrita de textos da comunicação privada, familiar, coloquial — em que, normalmente, aspectos do contexto extralinguístico são partilhados com mais intensidade — dispensa uma elaboração mais formal, mais distante dos padrões da fala coloquial.

gêneros de textos escritos. A exposição, pela leitura, é claro, a bons textos escritos é fundamental para a ampliação de nossa competência discursiva em língua escrita. (É bom lembrar que "bons textos" não são apenas os textos corretos gramaticalmente.)

Assim é que a dificuldade dos alunos para escrever tem sua razão de ser, também, no pouco contato que eles mantêm com textos escritos. Como se sabe, as aulas realizam-se, fundamentalmente, sob a forma de exposições orais e, não raro, os textos dados para leitura são "traduzidos" para o oral, pela explicação do professor, a fim de que "eles entendam melhor". Por vezes, até os enunciados das questões de provas ou de exercícios são "explicados" oralmente, num trabalho que até parece mesmo uma tradução. Resultado: o trabalho de interpretação requerido dentro dos padrões da escrita formal fica sempre adiado. Não se consegue ultrapassar a dependência do oral. Ter acesso à palavra escrita representa a possibilidade de dominar um instrumento de poder chamado linguagem formal. É nessa linguagem formal que, em qualquer país, estão escritos os códigos, as leis, os regimentos, os ensaios científicos — tudo, enfim, que faz parte da organização e do funcionamento dos grupos. Daí o caráter de exclusão do analfabetismo: ele priva as pessoas de um tipo particular de informação.

Em síntese, a aprendizagem das regularidades próprias da escrita acontece é no contacto com textos escritos, assim como a aprendizagem da fala aconteceu com a exposição do aprendiz a experiências de oralidade.

É esta tríplice função, implicada na realização da leitura (*ler para informar-se; ler para deleitar-se; ler para entender as particularidades da escrita*), que justifica a sua tão propalada conveniência.

A leitura envolve diferentes processos e estratégias de realização na dependência de diferentes condições do texto lido e das funções pretendidas com a leitura.

Pode-se prever a existência de *uma leitura não uniforme*, diferente, portanto, em cada circunstância, dependendo do tema, do nível de formalidade e do gênero do texto lido ou, ainda, dos objetivos e dos motivos implicados no ato de ler. Assim, conforme variem os gêneros de texto (editoriais, artigos, ensaios, notícias, anúncios, avisos, relatórios, instruções de uso, editais, contos, poemas), conforme variem os objetivos pretendidos para a leitura (leitura informativa, leitura recreativa, leitura instrumental etc.), variam também as estratégias a serem utilizadas. O grau de familiaridade do leitor com o conteúdo veiculado pelo texto interfere, também, no modo de realizar a leitura (cf. Allende & Condemarin, 1987). Ou seja, ninguém lê da mesma maneira, sempre, não importa que material. Até mesmo um jornal traz seções diferentes que suscitam diferentes comportamentos de leitura.

A leitura depende não apenas do contexto linguístico do texto, mas também do contexto extralinguístico de sua produção e circulação.

Já adiantei que a compreensão da leitura resulta não apenas da interpretação dos elementos linguísticos (lexicais e gramaticais) presentes no texto. Evidentemente, as palavras são necessárias à constituição do texto. No entanto, nem tudo o que é "dito" aparece literalmente na superfície do texto, ou melhor, está dito sob a forma literal das palavras. Há, naturalmente, em qualquer texto, "coisas não explicitadas", isto é, vazios a serem preenchidos, o que não impede que o texto permaneça interpretável.

Daí que as *informações prévias* com que *o leitor chega ao texto*, derivadas de seu próprio *conhecimento de mundo* e das *relações simbólicas* que, aí, estabelece, também cumprem um papel fundamental na atividade de compreensão do texto. O sentido de um texto não está apenas no texto, não está apenas no leitor. Está no texto e no leitor, pois está em todo o material linguístico que o constitui e em todo o conhecimento anterior que o leitor já tem do objeto de que trata o texto. É por isso que não se pode ver no texto o que lá não está nem se pode ver apenas o que lá está sobre a página. A leitura tem, assim, a dinâmica de qualquer outro encontro: seu sentido é de agora e é de antes.

Evidentemente, os princípios que apresentei nesta seção se referem sobretudo à leitura em circunstâncias normais. Não àquela leitura escolar, feita preferencialmente em voz alta, acompanhada pelo professor, quase sempre com propósitos apenas avaliativos. As circunstâncias presentes a essa prática já inibem, por motivos óbvios, o bom desempenho, principalmente nas séries iniciais. A leitura em voz alta pode e deve ter sua vez também, só que precisa acontecer de maneira funcional, isto é, em oportunidades sociais específicas e com finalidade evidentemente comunicativa, como acontece em certos eventos comunitários. E sempre presa ao sentido, à compreensão. Qualquer pessoa que não compreenda o que está lendo em voz alta não é capaz de ler bem, com desenvoltura, com entonação e pausas adequadas, com expressividade, enfim.

2.2.1. *Implicações pedagógicas*

Também em relação à leitura pode-se apontar uma série de implicações pedagógicas decorrentes dos princípios que acabamos de explicitar. Ou seja, o professor de português, desde que admita esses princípios, deverá promover:

- *Uma leitura de textos autênticos* — Nada poderá justificar uma leitura que não seja a leitura de textos autênticos, de textos em que há claramente uma função comunicativa, um objetivo interativo qualquer. Textos que têm autor(es), que têm data de publicação, que apareceram em algum suporte da comunicação social (jornal, revista, livro, panfleto, outdoor, cartaz etc.). Textos reais, enfim. Mesmo na etapa da alfabetização, quando pode haver dificuldades na leitura de textos maiores, é possível recorrer a textos curtos (mas textos *reais* e de boa qualidade). Tais textos também estão em livros, jornais e revistas, estão fixados em nossas portas e paredes e podem, perfeitamente, ser objeto de leitura nesta fase inicial de aquisição da escrita. As frases descontextualizadas, inventadas para exemplificar, ou os textos do tipo "O boi baba, Mimi mia", "Ivo vê a uva e vovó vê o ovo novo" (!), de tão mau gosto e baixo nível de textualidade, devem ser coisa de um passado remoto que não deve voltar (cf. Votre, 1987; Macedo, 1985).

- *Uma leitura interativa* — Qualquer texto precisa ser lido como sendo o lugar de um encontro: entre quem escreveu e quem lê (cf. Lajolo, 1986). Nessa perspectiva, a *compreensão,* o *sentido* é que serão os pontos privilegiados, para que aconteça, de fato, o pretendido encontro. Como venho salientando, todos os sinais deixados sobre a página são apenas isto: sinais, para que se identifique o caminho que leva ao sentido e às intenções propostos pelo outro com quem estamos em interação. Além dos sinais das palavras, vale recordar, existem os sinais pragmáticos, próprios da situação, os quais também constituem pistas que nos levam ao sentido (ou aos sentidos).

- *Uma leitura em duas vias* — Nenhuma leitura está desvinculada das condições em que o texto foi escrito. Isto quer dizer que entre a escrita e a leitura existe uma relação de interdependência e de intercomplementaridade. Uma supõe a outra: nos dois sentidos. Qualquer atividade de escrita deveria, pois, ser convertida em atividade de leitura, para que os alunos pudessem vivenciar essa dimensão de interdependência existente, de fato, entre a atividade de escrever e a atividade de ler e compreender.

- *Uma leitura motivada* — Tudo o que fazemos está preso a um interesse qualquer. Não pode ser diferente quando se trata de leitura, sobretudo quando se trata da leitura feita na escola. O aluno, antes de qualquer coisa, deveria estar convencido das vantagens de saber ler e de poder ler. O professor faria bem, então, em ajudar o aluno a construir uma *representação positiva da leitura* e dos poderes que ela confere ao cidadão. E, em cada situação particular da sala de aula, deveria explicitar para os alunos os objetivos de toda atividade de leitura, ou seja, por que ele é convocado a ler aquele texto, de forma a despertar-lhe o interesse por fazê-lo bem.

- *Uma leitura do todo* — Na leitura, a primazia interpretativa deve ser dada à dimensão *global* do texto, do texto como um todo. Isto é, o professor deve desenvolver competências que levem o aluno a identificar *noções núcleo*, em função das quais a interpretação pontual de cada uma de suas partes ganha sentido. Todo texto tem um eixo que lhe dá sustentação. A esse propósito, vale a pena lembrar a relevância de levar o aluno a identificar o tema ou a ideia central do texto, sua finalidade, sua orientação ideológica; a discernir entre seu argumento ou informação principal e seus argumentos ou informações secundárias.
- *Uma leitura crítica* — A leitura se torna plena quando o leitor chega à interpretação dos aspectos ideológicos do texto, das concepções que, às vezes sutilmente, estão embutidas nas entrelinhas. O ideal é que o aluno consiga perceber que nenhum texto é neutro, que por trás das palavras mais simples, das afirmações mais triviais, existe

uma visão de mundo, um modo de ver as coisas, uma crença. Qualquer texto reforça ideias já sedimentadas ou propõe visões novas. Mas nenhum, como disse, é neutro, no sentido de que não toma partido em relação a uma determinada concepção das coisas. Sobretudo os mais "inocentes", ou aparentemente despretensiosos, do ponto de vista ideológico (como são as propagandas). Não esqueçamos que "a linguagem é uma das formas de actuar, de influenciar, de intervir no comportamento alheio, que outros actuam sobre nós usando-a e que igualmente cada um de nós a pode usar para actuar sobre os outros" (Fonseca & Fonseca, 1977: 149).

- *Uma leitura da reconstrução do texto* — O leitor deve fazer o caminho inverso que fez o autor: depois do entendimento global do texto, deve chegar à sua "desmontagem", descobrindo qual o plano de organização das ideias selecionado, quais as partes em que se subdivide esse plano e os elementos responsáveis pela articulação dessas várias partes.

- *Uma leitura diversificada* — Tal como acontece na vida fora da escola, as oportunidades de leitura devem variar, no sentido de que os textos propostos sejam de gêneros diferentes (contos, fábulas, poemas, editoriais, notícias, comentários, cartas, avisos, propagandas etc.) e no sentido de que os objetivos propostos para a leitura sejam também diferentes, alterando-se, para tanto, as estratégias de leitura e de interpretação. Deve-se fortalecer também a atenção dos alunos para as diferenças lexicais (de vocabulário) e morfossintáticas entre o texto falado de forma coloquial e o texto escrito formal; também se deve exercitar o uso apropriado dessas diferenças. Nessa mesma perspectiva da diversificação, devem-se providenciar oportunidades para os alunos manusearem diferentes tipos de material escrito (por exemplo: rótulos, listas, cartazes, folhetos, revistas, jornais, livros), de maneira que possam perceber diferenças de linguagem e de apresentação, por conta das diferenças do suporte em que o texto circula.

- *Uma leitura também por "pura curtição"* — Que seja estimulado (com muitíssima frequência) o exercício da leitura gratuita, da leitura do texto literário, do texto poético, sem qualquer tipo de cobrança posterior, suscitando assim a leitura pelo simples prazer que provoca (para isto, selecionar textos que, de fato, possam provocar prazer estético).

- *Uma leitura apoiada no texto* — Já ressaltamos como as palavras que estão no texto funcionam como sinais, como pistas do sentido contextualizado em cada texto. Daí a importância de conceder atenção às palavras e a seus efeitos de sentido (repare-se, por exemplo, no uso das conjunções, das preposições, das locuções adverbiais, dos pronomes) e a certos recursos de textualização, como repetições e substituições, recursos que, como se sabe, estabelecem nexos coesivos entre os diversos segmentos do texto (orações, períodos, parágrafos) e fundamentam as decisões interpretativas acerca de sua coerência. É fundamental que qualquer conclusão a que se chegue pela leitura do texto esteja apoiada em alguma daquelas pistas (que pode ser uma palavrinha — um *até*, um *mas*, um *já*, por exemplo), mesmo que estas pistas estejam apenas sugeridas.

- *Uma leitura não só das palavras expressas no texto* — Qualquer texto comporta interpretações que requerem mais do que as palavras que lá estão expressas. Ou seja, a totalidade do sentido do texto tem que ser encontrada também em níveis que transcendem a materialidade do texto. Todo leitor traz para o texto seu repertório de saber prévio e vai, com isso, realizando inferências ou interpretando os elementos não explicitados no texto; e vai, assim, compreendendo-o. Vejamos como se poderia interpretar o título de uma reportagem como "Os tucanos de alta plumagem", caso não conhecêssemos certos dados da política nacional da atualidade. O mesmo se diga de uma referência feita aos políticos de Minas Gerais, expressa nestes termos: "A turma do pão de queijo". Já analisei outros enunciados cuja interpretação só se realiza com sucesso se recorremos ao nosso conhecimento de mundo. (A pesquisa e a análise de exemplares desse tipo de enunciados renderiam muitas e boas aulas de português!)

- *Uma leitura nunca desvinculada do sentido* — Que, na realização da leitura em voz alta (quando for o caso) orientações como "ler pausadamente", "ler com boa pronúncia", "ler observando os sinais de pontuação", e outras similares, sejam dadas não como valores em si mesmos, mas como recursos para que se facilite a compreensão do texto.

2.3. Explorando a gramática

Fale fala brasileira
Que você enxerga bonito.
MÁRIO DE ANDRADE

A gramática compreende o conjunto de regras que especificam o funcionamento de uma língua.

As pessoas, quando falam, não têm a liberdade total de inventar, cada uma a seu modo, as palavras que dizem, nem têm a liberdade irrestrita de colocá-las em qualquer lugar nem de compor, de qualquer jeito, seus enunciados. Falam, isso sim, todas elas, conforme as regras particulares da gramática de sua própria língua. Isso porque toda língua tem sua gramática, tem seu conjunto de regras, independentemente do prestígio social ou do nível de desenvolvimento econômico e cultural da comunidade em que é falada. Quer dizer, *não existe língua sem gramática*.

Quando alguém é capaz de falar uma língua é então capaz de usar, apropriadamente, as regras (fonológicas, morfológicas, sintáticas e semânticas) dessa língua (além, é claro, de outras de natureza pragmática) na produção de textos interpretáveis e relevantes. Aprender uma língua é, portanto, adquirir, entre outras coisas, o conhecimento das regras de formação dos enunciados dessa língua. Quer dizer, *não existe falante sem conhecimento de gramática.*

Isso não significa dizer que todo falante sabe o que é um adjunto adnominal, ou um dígrafo, ou um verbo intransitivo. O que ele sabe, intuitiva e implicitamente, é usar essas coisas — ou seja, ele sabe as regras de uso, de combinação das palavras em textos, para que resulte inteligível e interpretável o que dizem. Sabem as regras de uso das unidades, embora desconheçam os nomes que as unidades têm e a que classes pertencem.

No âmbito dessa discussão, vale a pena distinguir *o que são regras de gramática* e *o que não são regras de gramática*, para que se desfaça grande parte dos equívocos que pairam por nossas salas de aulas.

Regras de gramática, como o nome já diz, são normas, são orientações acerca de *como usar* as unidades da língua, de *como combiná-las*, para que se produzam determinados efeitos, em enunciados funcionalmente inteligíveis, contextualmente interpretáveis e adequados aos fins pretendidos na interação.

Dessa forma, são regras, por exemplo: a descrição de como empregar os pronomes; de como usar as flexões verbais para indicar diferenças de tempo e de modo; de como estabelecer relações semânticas entre partes do texto (relações de causa, de tempo, de comparação, de oposição etc); de quando e como usar o artigo indefinido e o definido; de quando e de como garantir a complementação do verbo ou de outras palavras; de como expressar exatamente o que se quer pelo uso da palavra adequada, no lugar certo, na posição certa.

Em contrapartida, *não são regras de uso*, mas são apenas questões metalinguísticas de definição e classificação das unidades da língua, por exemplo, saber: a subdivisão das conjunções e os respectivos nomes de cada uma; a subclassificação de cada subclasse dos pronomes e a função sintática prevista para cada um; a classificação de cada tipo de oração, com toda a refinada subclassificação das subordinadas e coordenadas; as diferentes funções sintáticas do QUE ou do SE; a distinção entre os vários tipos de encontro vocálico ou consonantal, de sujeito ou de predicado (aqui também com detalhadas distinções nem sempre consistentes e quase sempre irrelevantes). Como se vê, o que está em jogo nesse ensino é prioritariamente pretender que o aluno saiba *o nome que as coisas da língua* têm; ou seja, o que centraliza esse ensino é saber rotular, saber reconhecer e dar nome às coisas da língua[7].

Nessas questões todas, observemos, a competência que se procura desenvolver é sempre a de *identificar*, a de *reconhecer* qualquer coisa. Daí os exercícios em que se pede para *grifar*, para *circular* palavras ou orações, sem nenhuma preocupação com saber para que servem estas coisas, para que foram usadas ou que efeitos provocam em textos orais e escritos. Adianta pouco saber que o "sujeito" de determinada frase é indeterminado, por exemplo. O que adianta mesmo é saber que efeitos práticos se consegue com o uso de um determinado tipo de "sujeito". Por exemplo, o que está por trás da afirmação: *"O Banco mentiu"*? O "sujeito"

---

[7] Vale a pena, a esse respeito, ler o livro *Sofrendo a gramática*, de Mário Perini (ver bibliografia).

da oração é evidentemente "o Banco". Adianta muito saber apenas isso? Adiantaria saber também por que se escolheu ocultar o nome de quem mentiu e mascarar a verdade com o subterfúgio da metonímia ou de um sujeito indeterminado. (O mesmo se pode dizer para declarações como *"O dólar recuou"*, *"O mercado resistiu"* e outras equivalentes)[8]. A escola *perde* muito tempo com questões de mera nomenclatura e de classificação, enquanto o estudo das regras dos usos da língua em textos fica sem vez, fica sem tempo.

Portanto, a questão maior não é *ensinar ou não ensinar gramática*. Por sinal, essa nem é uma questão, uma vez que não se pode falar nem escrever sem gramática. A questão maior é discernir sobre *o objeto do ensino*: as regras (mais precisamente: *as regularidades)* de como se usa a língua nos mais variados gêneros de textos orais e escritos. Por exemplo, quais as regras para a produção e leitura de um resumo, de uma resenha, de uma notícia, de um requerimento, de um aviso, entre muitos outros. Uma subquestão daí derivada é a de *como ensinar tais regularidades*, com que concepções, com que objetivos e posturas, desenvolvendo que competências e habilidades. Cabe lembrar que toda língua possui, para além da gramática, um léxico variado, que também precisa ser amplamente conhecido, o que significa dizer que a gramática sozinha nunca foi suficiente para alguém conseguir ampliar e aperfeiçoar seu desempenho comunicativo.

---

[8] Escrevi um texto em que exploro os efeitos ideológicos provocados pelo uso de termos metonímicos na posição de "sujeitos" da oração (cf. Antunes, in Meurer & Motta-Roth, 2002).

A gramática existe não em função de si mesma, mas em função do que as pessoas falam, ouvem, leem e escrevem nas práticas sociais de uso da língua.

O conjunto de regras que, como se viu, constitui a gramática da língua, existe, apenas, com a única finalidade de *estabelecer os padrões de uso, de funcionamento* dessa língua. Ou seja, se as línguas existem para serem faladas e escritas, as gramáticas existem para regular os usos adequados e funcionais da fala e da escrita das línguas. Assim, *nenhuma regra gramatical tem importância por si mesma. Nenhuma regra gramatical tem garantida a sua validade incondicional.* O valor de qualquer regra gramatical deriva da sua aplicabilidade, da sua funcionalidade na construção dos atos sociais da comunicação verbal, aqui e agora. Por isso, tais regras são flexíveis, são mutáveis, dependem de como as pessoas as consideram. Assim, essas regras vêm e vão. Alteram-se, cada vez que os falantes descobrem alguma razão, mesmo inconsciente, para isso.

Em suma, se os falantes se subordinam à gramática da língua, para se fazerem entender socialmente, não deixam, contudo, de comandá-la, já que são eles que decidem o que fica e o que entra de novo e de diferente. Como muito bem lembra Millôr Fernandes, "Nenhuma língua morreu por falta de gramáticos. Algumas estagnaram por ausência de escritores. Nenhuma sobreviveu sem povo" (1994: 344).

A gramática reflete as diversidades geográficas, sociais e de registro da língua.

Mais acima, já adiantei um pouquinho o princípio de que *não existe língua uniforme*, com um único e inalterável padrão de funcionamento. *Todas as línguas variam naturalmente*, de acordo com as diferentes condições da comunidade e do momento em que é falada. Variam as línguas de comunidades desenvolvidas, e variam as línguas de comunidades subdesenvolvidas. Sempre foi assim e sempre será. Admitir este princípio é o mesmo que admitir uma gramática também variável, flexível, adaptada e adequada às circunstâncias concretas em que a atuação linguística acontece. É o mesmo que admitir uma gramática cujas regras podem deixar de ser "as únicas regras certas", para incorporar outras opções de se dizer o mesmo. Um dos grandes mitos que se criou foi o de admitir uma única forma "certa" de dizer uma coisa, de exprimir uma ideia. Vale a pena trazer aqui as palavras de Barthes (1978: 24-25):

> Censura-se frequentemente o escritor, o intelectual, por não escrever a língua de "toda a gente". Mas é bom que os homens, no interior de um mesmo idioma (...) tenham várias línguas. Se eu fosse legislador, (...) longe de impor uma unificação do francês, quer burguesa, quer popular, eu encorajaria, pelo contrário, a aprendizagem simultânea de várias línguas francesas, com funções diversas, promovidas à igualdade. (...) Essa liberdade é um luxo que toda sociedade deveria proporcionar a seus cidadãos: tantas linguagens quantos desejos houver. (...) Que uma língua, qualquer que seja, não reprima outra: que o sujeito futuro conheça, sem remorso, sem recalque, o gozo de ter a sua disposição duas instâncias de linguagem, que ele fale isto ou aquilo segundo as perversões, não segundo a Lei.

Mais ou menos o mesmo diz Mattoso Camara (1977: 123), quando afirma:

> Pode-se dizer, em essência, que o purismo consiste em imaginar a língua como uma espécie de água cristalina e pura, que não deve ser contaminada. Perde-se a noção de que ela é o meio de comunicação social por excelência, ou, para mantermos o símile, a água de uma turbina em incessante atividade e mais ou menos turva pela própria necessidade da sua função.

Ou seja, uma gramática de regras incondicionalmente rígidas foge à realidade com que a comunicação verbal ocorre e só é possível na descontextualização das frases isoladas e artificiais com que são fabricados os exercícios escolares. Só é possível se nós nos prendermos apenas ao que dizem certos manuais de gramática (por vezes, muito mais fiéis a conveniências de mercado) e não levarmos em conta o que, de fato, se diz e se escreve (os letrados, inclusive!) no dia a dia de nossa realidade.

Ao mito da invariabilidade das línguas, se junta o outro, da superioridade de certos falares: o das cidades, melhor que o das zonas rurais; o do Sudeste, melhor que o do Nordeste; o dos doutores, melhor que o das pessoas sem diplomas. Nisso acreditam muitos. E, muito frequentemente, até professores de português, sem questionamentos, como se isso fosse uma verdade incontestável, acima de todas as lógicas. A pesquisa realizada por Maria Auxiliadora Lustosa Coelho, na região pernambucana do submédio São Francisco, confirma muito bem essa percepção negativa do jeito de falar dos nordestinos: "Nordestino não sabe falar direito", fala feio, não aprende a língua (1998: 113). O pior é que, na maioria das vezes, a escola ainda reforça, de muitas maneiras, essa visão negativa já tão entranhada no imaginário coletivo. Exatamente porque se desconhece o que, de fato, é uma língua e qual o lugar da gramática na constituição dessa língua.

A gramática existe em função da compreensão e da produção de textos orais e escritos.

Toda atuação verbal se dá através de textos, independentemente de sua função e de sua extensão. Ou seja, o óbvio (mas nem sempre levado em conta) é que *ninguém fala ou escreve a não ser sob a forma de textos*, tenham eles esta ou aquela função, sejam eles curtos ou longos. Fazer e entender textos não é, assim, uma atividade eventual, alguma coisa que as pessoas fazem uma vez ou outra, em circunstâncias muito especiais (em dias de prova, por exemplo). É coisa que se faz todo dia, *sempre* que se fala ou *sempre* que se escreve.

Como se viu, saber falar e escrever uma língua supõe, também, saber a gramática dessa língua. Em desdobramento, supõe saber produzir e interpretar diferentes gêneros de textos. Consequentemente, é apenas no domínio do texto que as regularidades da gramática encontram inteira relevância e aplicabilidade.

Insisto em que convém saber distinguir entre "regra de gramática" e "nomenclatura gramatical". As regras implicam o uso, destinam-se a ele, orientam a forma de como dizer, para que este dizer seja interpretável e inteligível. A nomenclatura, diferentemente, corresponde aos "nomes" que as unidades, as categorias, os fenômenos da língua e suas classificações têm. Podem-se reconhecer os nomes que os elementos da língua têm (chamam-se substantivos, pronomes, verbos, dígrafos, ditongos, monossílabos etc.) e desconhecer as regras propriamente ditas de sua aplicação em textos. Nessa perspectiva, pode-se dizer que não é estudo da gramática propriamente dita o reconhecimento das diferenças, por exemplo, entre o "adjunto adnominal" e o "complemento nominal", o reconhecimento do objeto direto preposicionado, do tipo de oração subordinada substantiva e outras particularidades semelhantes. Pelo que se pode ver em alguns manuais didáticos, é em torno dessas questões que se concentram as aulas de português. Mais: a maioria das pessoas, quando se referem ao ensino da gramática na escola, estão falando desse ensino da nomenclatura, da análise sintática e similares. E vão cobrá-lo das escolas, como se reconhecer as unidades e seus nomes fosse a condição fundamental para saber usá-las adequadamente. Nem mesmo as provas do vestibular, do ENEM e de alguns outros concursos, feitas fundamentalmente em cima da compreensão de textos, têm conseguido fazer as pessoas entenderem qual a função da gramática de uma língua e deixar a obsessão pelo estudo da nomenclatura gramatical.

A questão que se coloca para o professor de português não é, portanto, como disse atrás, "ensinar ou não ensinar regras de gramática". A questão maior é: *que regras ensinar e em que perspectiva ensinar.*

Não se justifica, portanto, a impressão (que é comum, mesmo entre alunos e pais de alunos) de que analisar textos, falados e escritos, é algo que as pessoas podem fazer sem ter em conta a gramática da língua. Ou que analisar textos falados e escritos é "atrasar o programa" e "não ir com a matéria pra frente". Na verdade, tal impressão *se explica* pela prática escolar tradicional de analisar frases soltas e de, nessas análises, enxergar apenas as funções morfossintáticas de seus elementos e suas respectivas nomenclaturas. Qualquer ato de linguagem não é possível sem um certo dizer, o qual, sendo dizer, é necessariamente lexical, gramatical e contextual. Afinal, a produção do sentido é regida também pela gramática (cf. Neves, 2000a: 73).

A gramática da língua deve ser objeto de uma descrição rigorosa e consistente.

O conhecimento que o falante tem das regras que especificam o uso de sua língua é um conhecimento intuitivo, implícito, ou seja, não requer, em princípio, que se saiba explicitá-lo ou explicá-lo. No entanto, esse saber implícito acerca do uso da língua pode ser *enriquecido e ampliado* com *o conhecimento explícito dessas mesmas regras*. Esse é o objetivo das descrições gramaticais, ou seja, das descrições de como as regras da gramática se aplicam aos diversos contextos de uso da língua. Essas descrições, cada vez mais, se encontram não apenas nos compêndios específicos de gramática, mas também em trabalhos de linguistas que se aplicam aos mais diferentes objetos de pesquisa[9].

É evidente que o saber explícito das regras implicadas nos usos da língua constitui uma competência a mais que favorece o uso relevante e adequado da língua

---

[9] A *Gramática de usos*, de Maria Helena Moura Neves, oferece um excelente painel — eminentemente descritivo e sem o ranço das prescrições tradicionais — dos padrões de uso da gramática do português atual. Vale a pena tê-la na biblioteca da escola.

em textos orais e escritos. Só por isto vale a pena o esforço de explicitar tais regras.

Existem regras e descrições gramaticais que particularizam o uso da norma-padrão da língua ou o uso linguístico do grupo de prestígio da sociedade.

As variações gramaticais que, naturalmente, provêm das diferentes condições de uso da língua incluem aquelas que especificam a *norma-padrão*, ou seja, o uso linguístico de prestígio que predomina entre as pessoas com um grau mais alto de escolarização.

Em geral, o uso dessa norma é exigido em circunstâncias formais da atuação verbal, principalmente da atuação verbal pública, e representa, em algumas circunstâncias, uma condição de ascensão e uma marca de prestígio social. É, como tantas outras, uma forma de coerção social do grupo, uma norma que dita o comportamento adequado. A conveniência de uso dessa norma de prestígio deriva, portanto, de exigências eminentemente sociais e não de razões propriamente linguísticas. Uma forma linguística não é, em si mesma, melhor que outra. É, na verdade, mais (ou menos) adequada, dependendo das situações em que é usada.

A legitimidade desse princípio não justifica, no entanto, que se deixe de ver a natural mobilidade dessas regras e sua não menos natural indefinição. Não pretendamos que tais regras "permaneçam para sempre". O uso, nunca aleatório, que as pessoas fazem delas é que determina sua validade ou não. Nem podemos decidir simplistamente sobre o que é de prestígio ou deixa de ser, mesmo tomando como referência a fala das pessoas consideradas escolarizadas e letradas; o que significa dizer que a questão da norma-padrão — ou da norma prestigiada — deve ser tratada com a maior cautela, sem os simplismos das percepções ingênuas, pouco consistentes e preconceituosas[10].

2.3.1. *Implicações pedagógicas*

O conjunto de princípios que fundamentam uma compreensão funcional e discursiva da gramática tem, também, as suas implicações pedagógicas. Tentando especificá-las, direi que o professor de português deverá ter o cuidado de trazer para a sala de aula:

- *Uma gramática que seja relevante* — Para isso, deve selecionar noções e regras gramaticais que sejam, na verdade, relevantes, úteis e aplicáveis à compreensão e aos usos sociais da língua. Noções e regras que possam, sem dúvida, ampliar a competência comunicativa dos alunos para o *exercício fluente* e *relevante* da fala e da escrita.
- *Uma gramática que seja funcional* — Com isso se pretende privilegiar o estudo das regras desses usos sociais da língua, quer dizer, de suas condições de aplicação em textos de diferentes gêneros. Deve-se propor, portanto, uma gramática que tenha como referência o funcionamento efetivo da língua, o qual, como se sabe, aconte-

[10] Acerca da problemática da norma, sugerimos a leitura dos dois livros organizados por Marcos Bagno: *Norma linguística* (2001) e *Linguística da norma* (2002). E, mais recentemente, do mesmo autor, *A norma oculta* (2003).

ce não através de palavras e frases soltas, mas apenas mediante a condição do texto. Assim, o professor deve apresentar uma gramática que privilegie, de fato, a aplicabilidade real de suas regras, tendo em conta, inclusive, as especificidades de tais regras, conforme esteja em causa a língua falada ou a língua escrita, o uso formal ou o uso informal da língua. Não adianta muito saber os nomes que as conjunções têm. Adianta muito saber o sentido que elas expressam, as relações semânticas que elas sinalizam.

- *Uma gramática contextualizada* — A gramática está naturalmente incluída na interação verbal, uma vez que ela é uma condição indispensável para a produção e interpretação de textos coerentes, relevantes e adequados socialmente. Tanto é assim que a questão, posta por alguns professores, "*texto ou gramática*" não passa de uma falsa questão. Na verdade, o professor deve encorajar e promover a produção e análise de textos, o mais frequentemente possível (diariamente!), levando o aluno a confrontar-se com circunstâncias de aplicação das regularidades estudadas.
- *Uma gramática que traga algum tipo de interesse* — O estudo da gramática deve ser estimulante, desafiador, instigante, de maneira que se desfaça essa ideia errônea de que estudar a língua é, inevitavelmente, uma tarefa desinteressante, penosa e, quase sempre, adversa. Uma tarefa que se quer esquecer para sempre, logo que possível.
- *Uma gramática que liberte, que "solte" a palavra* — A sala de aula de português deveria

ser o espaço privilegiado para se incentivar a fluência linguística e neutralizar, assim, a postura prescritiva e corretiva com que a escola, tradicionalmente, tem encarado a produção dos alunos. Nesse sentido, vale a pena lembrar a conveniência de incentivar, oportunamente, as "transgressões funcionais", ou a possibilidade de "subverter" as regras da língua para obter certos efeitos de sentido ou certas estratégias retóricas. (Há muitos textos em circulação, sobretudo textos publicitários, que possibilitam a análise de tais transgressões. Poderia lembrar o nome de um bloco de carnaval organizado por escritores pernambucanos, que tem como nome os dizeres: "Nóis sofre mais nóis goza." Evidentemente, por ser de escritores e por ser para o carnaval, a agremiação não poderia escolher uma referência mais adequada e mais expressiva que esta. Ou seja, há contextos em que o "certo" pode estar na transgressão. A escola precisa explorar esse ponto.)

- *Uma gramática que prevê mais de uma norma* — É de grande importância que se procure caracterizar, de forma adequada, a norma-padrão como sendo a variedade socialmente prestigiada, mas não como sendo a única norma "certa". "Certo" é aquilo que se diz na situação "certa" à pessoa "certa". Não se pode deixar de perceber que, do ponto de vista da expressividade e da comunicabilidade, as normas estigmatizadas também têm seu valor, são contextualmente funcionais, não são aleatórias nem significam falta de inteligência de quem as usa.

- *Uma gramática, enfim, que é da língua, que é das pessoas* — Nesse quadro, passa a ter sentido discernir o que é significativo para a experiência humana da interação verbal, interação que, se é linguística, é também gramatical. Isso, por si só, faz a gramática recobrar importância.

2.4. Explorando a oralidade

Retomo neste momento, para efeito de considerar a oralidade, os princípios gerais que foram apresentados na definição de linguagem. Ou seja, mantêm-se aqui aquelas concepções de língua como prática discursiva, inserida numa determinada prática social, envolvendo dois ou mais interlocutores, em torno de um sentido e de uma intenção particular. Nessa dimensão, a oralidade apresenta a mesma dimensão interacional que foi pretendida para a escrita e para a leitura. Daí por que não vamos repetir na presente seção esses princípios.

No entanto, parece-me fundamental chamar a atenção para a forma como, neste livro, se concebem *a oralidade e suas relações com a escrita*. Ou seja, interessa-me frisar que, embora cada uma tenha as suas especificidades, não existem diferenças essenciais entre a oralidade e a escrita nem, muito menos, grandes oposições. Uma e outra servem à interação verbal, sob a forma de diferentes gêneros textuais, na diversidade dialetal e de registro que qualquer uso da linguagem implica. Assim, não tem sentido a ideia de uma fala apenas como lugar da espontaneidade, do relaxamento, da falta de planejamento e até do descuido em relação às normas da língua padrão nem, por outro lado, a ideia de uma escrita uniforme, invariável, formal e correta, em qualquer circunstância. Tanto a fala quanto a escrita podem variar, podem estar mais planejadas ou menos planejadas, podem estar mais, ou menos, "cuidadas" em relação à norma-padrão, podem ser mais ou menos formais, pois ambas são igualmente dependentes de seus contextos de uso.

Dentro desses limites conceituais, pretendo concentrar-me no desenvolvimento das implicações pedagógicas que essa concepção de oralidade envolve.

2.4.1. *Implicações pedagógicas*

Aceitar o caráter interacional da oralidade e sua realização em diferentes gêneros e registros textuais leva o professor de português a intervir para que o trabalho com a oralidade tenha as características que passamos a enumerar.

- *Uma oralidade orientada para a coerência global* — Os textos, como se sabe, se desenvolvem a partir de um determinado assunto ou dentro de um tema específico, o que lhes confere a unidade temática requerida pela sua própria coerência. Assim, uma conferência, uma palestra, um debate, uma aula e outros gêneros similares são sempre em torno de um determinado tema; e reconhecer essa unidade temática do texto constitui uma competência que a escola deve privilegiar. O mesmo se diga em relação à finalidade pretendida para a interação. Ou seja, o professor deve levar o aluno a ser capaz de identificar esses e outros aspectos globais do texto. Deve, inclusive, levar os alunos a perceber como a unidade temática do texto assume características bem diferentes nas situações da conversação.

- *Uma oralidade orientada para a articulação entre os diversos tópicos ou subtópicos da interação* — Os textos orais não dispensam os recursos de encadeamento dos tópicos pelo fato de serem orais. O uso de elementos reiterativos ou de elementos conectores (como repetições, substituições pronominais, substituições por sinônimos, por hiperônimos, associações semânticas entre palavras, conjunções) está igualmente presente nos textos orais, embora com algumas especificidades. A análise de textos em sala de aula será relevante se contemplar também tais elementos, fortalecendo a ideia de que a oralidade também está sujeita aos princípios da textualidade.

- *Uma oralidade orientada para as suas especificidades* — Com o devido cuidado para que não se crie a ideia falseada de que a fala se opõe à escrita, será interessante que o professor saiba ressaltar os pontos formais e funcionais em que os textos orais e os textos escritos são diferentes. Como se sabe, as modalidades oral e escrita da língua guardam similaridades e apresentam diferenças. O confronto entre uma e outra — desde que se considerem os mesmos níveis de registro (fala formal e escrita formal, por exemplo) — pode ser bastante produtivo para a compreensão daquelas similaridades e diferenças e para o entendimento das mútuas influências de uma sobre a outra. Atividades de passar do oral para o escrito (exercícios de "retextualização", como sugere Marcuschi, 2001), podem ser bastante produtivos.

- *Uma oralidade orientada para a variedade de tipos e de gêneros de discursos orais* — Como já referi sumariamente atrás, muito comumente a fala é vista como um bloco uniforme, que se realiza sempre da mesma maneira, mesmo que em situações bem diferentes. Nada mais equivocado do que supor essa homogeneidade para a fala. Tradicionalmente, se deu mais atenção à possibilidade de variação da escrita, ficando, portanto, essa falsa ideia de que falamos sempre do mesmo jeito. Como se pode facilmente constatar, os textos orais igualmente ocorrem sob a forma de variados tipos e gêneros, dependendo dos contextos mais ou menos formais em que acontecem. São bem diferentes a conversa coloquial, o debate, a exposição de motivos ou de ideias, a explicação, o elogio, a crítica, a advertência, o aviso, o convite, o recado, a defesa de argumentos, para citar apenas estes poucos exemplos de gêneros do discurso oral. Planejar — mais ou menos — e realizar essas formas de atuação verbal requer competências que o professor precisa ajudar os alunos a desenvolver, para que eles saibam adequar-se às condições de produção e de recepção dos diferentes eventos comunicativos. Tais condições é que nos levam a tomar decisões no decorrer da interação. Nessa perspectiva, saber adequar-se às condições da interação significa ser capaz, por exemplo, de participar cooperativamente, respeitando a vez de falar e de ouvir; de fazer exposições orais sobre temas de interesse do grupo; de argumentar a favor de uma ideia; de dar instruções; de narrar experiências vividas; de descrever com clareza ambientes, pessoas, objetos, fatos; enfim, de ajustar-se à imensa variedade de situações da interação verbal e de saber usar as distintas estratégias argumentativas típicas dos discursos orais. É útil ressaltar que o discurso formal das situações públicas da interação oral (aquilo que comumente se chama "falar em público") precisa ser exercitado — em suas regularidades mais gerais —, pois tal discurso apresenta traços especiais, diferentes daqueles outros do discurso informal, próprio das situações coloquiais e privadas. Dentro dessa variedade, caberia também lembrar o imenso cuidado do professor para rejeitar, com firmeza, qualquer atitude discriminatória, seja de quem for, em relação às falas desprestigiadas.

- *Uma oralidade orientada para facilitar o convívio social* — Nesse sentido, vale a pena relembrar a função de certas expressões verbais que, num determinado contexto cultural, indicam atitudes ou posturas de polidez e de boa convivência (quando, naturalmente, isso for conveniente). Esse ponto, como outros expostos na presente seção, diz respeito também à questão dos interlocutores e de seus papéis na interação. O falante e o ouvinte são os atores do drama da comunicação e, nesse drama, cada um tem seu papel específico, que delimita suas possibilidades de atuação. Quem fala primeiro, quem pode falar, quem pode interromper e tantas outras restrições estão ligadas, intimamente, aos papéis sociais vividos por todo interlocutor em cada situação comunicativa. O ouvinte de uma conferência não se comporta da mesma maneira que o participante de uma conversa entre parceiros. A escola não pode deixar de dar essas orientações nem de explorar as expressões próprias de um comportamento linguístico polido se pretende desenvolver a competência comunicativa dos alunos. Nesse âmbito, muita atividade de análise poderia ser feita e daria conta, por exemplo, de que a pergunta "*Você está de carro?*", mais que uma pergunta, pode ser um pedido ou um oferecimento de carona.

- *Uma oralidade orientada para se reconhecer o papel da entonação, das pausas e de outros recursos suprassegmentais na construção do sentido do texto* — Sabemos como, ao lado de elementos morfossintáticos e semânticos do texto, encontram-se outros, de natureza suprassegmental (como a entonação, as pausas, por exemplo), que em muito contribuem para a construção do sentido e das intenções pretendidos. Numa dimensão muito próxima, ganha sentido também explorar a função de certas expressões fisionômicas, de certos gestos e outros recursos da representação cênica (como levantar-se, movimentar-se), os quais funcionam, de forma muito significativa, como elementos complementares no processo da interação verbal.

- *Uma oralidade que inclua momentos de apreciação das realizações estéticas próprias da literatura improvisada, dos cantadores e repentistas* — Lamentavelmente, algumas vezes, essas produções aparecem na sala de aula apenas como pretexto para que sejam convertidas na norma padrão da língua. Perde-se assim o seu valor como forma de expressão oral dos valores culturais de uma comunidade, além de se passar sutilmente a ideia de que seu padrão linguístico deve ser evitado.
- *Uma oralidade orientada para desenvolver a habilidade de escutar com atenção e respeito os mais diferentes tipos de interlocutores* — A atividade receptiva de quem escuta o discurso do outro é uma atividade de participação, de cooperação em vista da própria natureza interativa da linguagem. Não há interação se não há ouvinte. Nas atividades em sala de aula, o professor bem que poderia desenvolver nos alunos a competência para saber ouvir o outro, escutar, com atenção, o que ele tem a dizer (competência socialmente tão relevante e pouco estimulada!)

Como se vê, há muito o que fazer nas aulas de português! Todas as implicações pedagógicas acima descritas supõem saberes, supõem conteúdos, o que significa dizer que esses saberes podem e devem ser discutidos em sala de aula, com o apoio de textos e de reflexões consistentes. Com base nesse ponto, pode-se prever que vai faltar tempo para chegar às "funções do QUE" ou para descer às intermináveis classificações dos "termos essenciais, integrantes e acessórios da oração". Há outras competências mais prementes esperando pela vez...

CAPÍTULO TRÊS

Repensando o objeto de ensino de uma aula de português

Nada essencial pode ser ensinado.
Mas tudo tem que ser aprendido
MILLÔR FERNANDES

Quem planta muitas árvores acaba criando raízes.
MILLÔR FERNANDES

Com base na análise do ensino do português, sumariamente desenvolvida no início do presente trabalho e, ainda, na série de princípios atrás apresentados, trago, no presente capítulo, algumas orientações gerais e sugestões de atividades que, a título de exemplo, podem ilustrar o tipo de procedimento pedagógico que tais princípios implicam. Como digo, são apenas sugestões, pois, se os professores observarem, *a explicitação de cada princípio e de suas respectivas implicações contém inúmeras pistas acerca do "que fazer" e do "como fazer", para trabalhar a oralidade, a leitura, a escrita e a gramática nas aulas de português.*

A propósito deste "que fazer", gostaria de lembrar que o professor parece estar acostumado a esperar que lhe digam o que ele tem que fazer. Como a tradição era seguir à risca, lição por lição, os livros didáticos, o professor "aprendeu" a não "criar", a não "inventar" seus programas de aula. O conhecimento que ele "passava" e "repassava" era sempre produzido por outra pessoa, não por ele próprio. Nesse contexto, de fato, o que sobressai é um professor "transmissor de conhecimento", mais precisamente, de "conteúdos". Daí a concepção estreita de alguns de que a principal tarefa do professor é *dar aula*, isto é, *dar o curso* é que é o cerne da profissão. O professor precisa ser visto (inclusive pelas instituições competentes) como alguém que, *com* os alunos (e não *para* os alunos), pesquisa, observa, levanta hipóteses, analisa, reflete, descobre, aprende, reaprende.

Evidentemente, o objeto da aprendizagem que estou propondo aqui está previsto na definição daquelas competências para o uso da língua, em circunstâncias de oralidade, de leitura e de escrita. Esse é o programa. Ou seja, a mudança no ensino do português não está nas metodologias ou nas "técnicas" usadas. Está na escolha do objeto de ensino, daquilo que fundamentalmente constitui o ponto sobre o qual lançamos os nossos olhares. É o que pretendemos levantar no tópico seguinte.

3.1. À guisa de programa

Na verdade, o fundamental do que proponho no momento está na *reorientação* ou na *mudança de foco* daquilo que constitui o núcleo do estudo da língua. O que significa dizer que a escola não deve ter outra pretensão senão chegar aos *usos sociais da língua*, na forma em que ela acontece no dia a dia da vida das pessoas. Essa língua é *a "língua-em-função"* (cf. Schmidt, 1978), a língua que somente *acontece entre duas ou mais pessoas, com alguma finalidade, num contexto específico e sob a forma de* um texto — *mais ou menos longo, mais ou menos formal, desse ou daquele gênero*. Assumindo os termos dessa concepção e de suas implicações pedagógicas, *a escola poderá afastar-se da perspectiva nomeadora e classificatória* (centrada no reconhecimento das unidades e de suas nomenclaturas), com seus intermináveis e intrincados exercícios de análise morfológica e sintática com que prioritariamente se tem ocupado (e com os quais ninguém pode interessar-se pela leitura, pela escrita ou por qualquer questão que diga respeito ao uso da linguagem).

Pela observação de como atuam os professores, é possível constatar que as coisas funcionam (salvo honrosas exceções) mais ou menos assim: se o professor pretende ensinar sobre o "pronome", por exemplo, começa por selecionar as definições e classificações desta classe de palavras e, depois, escolhe um texto em que apareçam pronomes, *para nele* identificar suas várias ocorrências e classificá-las conforme a nomenclatura gramatical. O texto serve, portanto, apenas para ilustrar uma noção gramatical e não chega assim a *ser o objeto de estudo*. E com esse procedimento fica a ilusão de que se estão explorando questões textuais; mas, na verdade, apenas mudamos o modo de situar a questão. Ou seja, em vez de "inventar frases" onde apareçam pronomes, nós os "retiramos" de textos e fazemos o mesmo que fazíamos antes. Como eu disse em outra ocasião, apenas "saímos de Guatemala para Guatapior".

Se o texto é *o* objeto de estudo, o movimento vai ser ao contrário: primeiro se estuda, se analisa, se tenta compreender o texto (no todo e em cada uma de suas partes — sempre em função do todo) e, para que se chegue a essa compreensão, vão-se ativando as noções, os saberes gramaticais e lexicais que são necessários. Ou seja, o texto é que vai conduzindo nossa análise e em função dele é que vamos recorrendo às determinações gramaticais, aos sentidos das palavras, ao conhecimento que temos da experiência, enfim. Nessa perspectiva é que se pode perceber como não tem tanta importância assim saber os nomes das funções sintáticas das palavras, ou saber discernir, por exemplo, se um termo é objeto indireto ou complemento circunstancial de lugar. No texto, a relevância dos saberes é de outra ordem. Ela se afirma pela função que esses saberes têm na determinação dos possíveis sentidos previstos para o texto. Ou seja, quanto ao pronome, o relevante vai ser identificar as referências feitas, no decorrer do texto, pelas diferentes formas pronominais e avaliar as conveniências de sua distribuição ao longo do texto.

Este objeto — o texto — é que vai condicionar a escolha dos itens, os objetivos com que os abordamos e a escolha das atividades pedagógicas.

Ou seja, com que programa?

Em geral, o que se deve pretender com uma programação de estudo do português, não importa o período em que acontece, é ampliar a competência do aluno para o exercício cada vez mais pleno, mais fluente e interessante da fala e da escrita, incluindo, evidentemente, a escuta e a leitura. Em função desse objetivo é que se vai definir o conteúdo programático em torno do qual professor e aluno realizam sua atividade de ensino e aprendizagem.

Assim, qual poderia ser o *"programa" de português*, nomeadamente para as séries do Ensino Fundamental e do Ensino Médio?

Em termos muito gerais, as aulas de português seriam aulas de:

- *falar,*
- *ouvir,*
- *ler e*
- *escrever textos em língua portuguesa,*

dentro de uma *distribuição e complexidade gradativas*, atentando o professor para o desenvolvimento já conseguido pelos alunos no domínio de cada habilidade. Mais uma vez, explicito o princípio de que *toda atividade linguística é necessariamente textual.* Ou seja, a fala, a escuta, a escrita e a leitura de que falo aqui são necessariamente de textos; se não, não é linguagem. Assim, é nas questões de produção e compreensão de textos, e de suas funções sociais, que se deve centrar o estudo relevante e produtivo da língua. Ou melhor, *é o uso da língua — que apenas se dá em textos —* que deve ser *o objeto* — digo bem, *o objeto* — de estudo da língua.

3.1.1 *Para o desenvolvimento das habilidades de falar e ouvir, os alunos, com a intervenção do professor, poderiam:*

- contar histórias, inventando-as ou reproduzindo-as;
- relatar acontecimentos;

- debater, discutir, acerca dos temas mais variados;
- argumentar (concordando e refutando);
- emitir opiniões;
- justificar ou defender opções tomadas;
- criticar pontos de vista de outros;
- colher e dar informações;
- fazer e dar entrevistas;
- dar depoimentos;
- apresentar resumos;
- expor programações;
- dar avisos;
- fazer convites;
- apresentar pessoas etc.

Vale relembrar que a atividade de *ouvir* constitui parte da competência comunicativa dos falantes, uma vez que ela implica um exercício de ativa interpretação, tal como acontece com o leitor em relação à escrita. Além disso, existem muitas regras sociais que definem o comportamento adequado do ouvinte, frente ao outro ou aos outros que falam. Tais regras são convenções que precisam ser, criticamente, avaliadas e exercitadas na escola. Nem sempre a escola tem chamado a atenção para essa competência (altamente relevante, do ponto de vista da interação) de escutar, de ouvir atentamente o outro. Quase sempre o cuidado com a escuta tem apenas uma motivação disciplinar, sem que se mostre a função interativa de saber ouvir quem fala. Somente escutando com atenção é que se pode aceitar ou deixar de aceitar o que o outro diz.

As atividades em torno da oralidade acima sugeridas devem privilegiar os usos mais formais do discurso oral, normalmente aqueles usos próprios da comunicação pública, por oposição à comunicação privada que fazemos em nosso ambiente particular de atuação. As circunstâncias de falar em público exigem o cumprimento de certas convenções sociais que interferem na organização do que dizer e na forma de como dizer. O professor deve estar atento para desenvolver nos alunos as competências necessárias a uma participação eficiente em eventos da comunicação pública, como uma conferência, uma reunião, um debate, uma apresentação, um aviso etc.

Nesse sentido, ganha interesse fazer os alunos perceberem as diferenças (lexicais, sintáticas, discursivas) que caracterizam *a fala formal* e *a fala informal*, destacando-se assim a variabilidade de atualização que a língua pode receber, de acordo com as diferenças concretas da situação comunicativa.

3.1.2 *Para o desenvolvimento da competência de escrever, o professor poderia providenciar oportunidades para os alunos produzirem:*

- listas (de materiais, de livros, de assuntos estudados, de eventos realizados etc.);
- pequenas informações aos pais e a outras pessoas da comunidade escolar;
- programações de atividades curriculares e extracurriculares;
- convites;
- avisos;
- cartas: uns aos outros, aos professores, às pessoas da escola, do bairro, da cidade, a um

jornal, a alguém que veio à escola prestar algum serviço, a autoridades locais e nacionais etc. (cartas que, eventualmente, até deveriam chegar, de fato, às mãos de seus destinatários);

- anotações de ideias básicas de textos informativos (a este propósito, vale lembrar a vinculação que o professor deve estabelecer entre o português e outras disciplinas);
- pequenas narrativas (criadas ou recriadas a partir de outras, lidas ou ouvidas);
- conclusões de debates;
- informações sobre a cidade, o bairro, a escola, lugares visitados, eventos;
- cartazes (com motivos diversos, inclusive motivos publicitários);
- instruções diversas (por exemplo, aquelas que indicam como se deve usar um determinado instrumento ou aparelho);
- projetos de pesquisa;
- resultados de consultas bibliográficas, de pesquisas de campo;
- esquemas, resumos, sínteses, resenhas (de tanta utilidade na vida acadêmica!);
- relatórios de experiências ou de atividades realizadas;
- solicitações, requerimentos;
- saudações;
- atas;
- poemas;

- mensagens eletrônicas;
- e outros textos em uso no momento.

É evidente que *a escolha desses diferentes gêneros de texto deverá acontecer, gradativamente,* na dependência do grau de desenvolvimento que os alunos vão demonstrando na habilidade de escrever textos. Nas fases iniciais, a confecção de rótulos, indicando, por exemplo, o nome de produtos disponíveis na sala, ou, ainda, a confecção de *listas* com o nome dos colegas, dos alimentos contidos na merenda escolar, e outros que a perspicácia do grupo pode descobrir, constituem um expediente interessante para exercitar a escrita naqueles moldes propostos anteriormente, ou seja, *a escrita contextualizada, a escrita que faz sentido porque fala de nós e de nosso mundo.*

O importante é *abandonar a escrita vazia, de palavras soltas, de frases soltas, de frases inventadas* que não dizem nada porque não remetem ao mundo da experiência ou da fantasia dos alunos. A linguagem até para os pequenos também "significa *agir, fazer, interferir* no mundo, *relacionar-se* com as pessoas" (Macedo, 1985: 53). Por sinal, a única linguagem que faz sentido, para qualquer pessoa, é aquela que expressa o que queremos dizer, por algum motivo, de nós, dos outros, das coisas, do mundo. Não estando aí, não estamos na órbita da linguagem.

Lembro que, em toda atividade de escrita, o aluno deve ser levado a vivenciar a experiência de:

a) primeiro, planejar;

b) depois, escrever — o que seria a primeira versão de seu texto;

c) e, em seguida, revisar e reformular seu texto, conforme cada caso, para deixá-lo na versão definitiva.

Ou seja, o professor faria bem se conseguisse criar, já nos primeiros anos da vida escolar, o hábito de o aluno planejar seu texto, fazer seu esboço, fazer a primeira versão e, depois, revisar o que escreveu, naturalmente, sem culpa, sem achar que ficou tudo errado, aceitando a reformulação como algo perfeitamente normal e previsível. Aprendendo, inclusive, a lidar com o provisório, com o incompleto, com a tentativa de encontrar uma forma melhor. O professor, eventualmente, poderia pedir aos alunos que apresentassem, por escrito, o plano de seus textos.

Entre escrever muito, sem revisão, e escrever pouco com esses cuidados todos, seria preferível que os alunos escrevessem menos textos, mas que escrevessem sempre com esses cuidados de planificação e revisão, acabando-se, assim, com a prática escolar de uma única versão, quase sempre improvisada e nunca revista.

Para orientar essa revisão, o aluno iria sendo levado a compreender que *um bom texto não é apenas um texto correto,* mas um texto bem encadeado, bem ordenado, claro, interessante e adequado aos seus objetivos e aos seus leitores. O princípio regulador dessa classe de texto não pode ser outro senão o princípio de que a escrita é uma forma de atuação social entre dois ou mais sujeitos que realizam o exercício do dizer, do dizer-se, para fins do intercâmbio necessário à sobrevivência e à convivência humana.

Tudo isso significa dizer que a escrita da escola deve ser a escrita de textos. Na medida em que for sendo possível: do rótulo, passando pelas listas, pelos textos curtos (como os avisos), até aqueles mais longos e mais complexos.

3.1.3 *A leitura poderia abranger todos esses textos produzidos pelos alunos, além de:*

- histórias, com ou sem gravuras e em quadrinhos;
- fábulas;
- contos;
- crônicas;
- editoriais;
- comentários ou artigos de opinião;
- notícias de jornal;
- poemas;
- avisos;
- folhetos;
- cartazes;
- adivinhas;
- anedotas;
- provérbios populares;
- charadas;
- mapas, tabelas e gráficos;
- anúncios e mensagens publicitárias (ricos no uso de metáforas, metonímias, homonímias, polissemias etc., pelo que se prestam a análises muito interessantes);
- instruções;
- esquemas;
- resumos;
- lições de outras disciplinas etc.

Por essa amostragem, fica evidente a pretensão quanto à *diversidade de gêneros de textos* que o professor deve providenciar. É importante que o aluno, sistematicamente, seja levado a perceber a multiplicidade de usos e de funções a que a língua se presta, na variedade de situações em que acontece. Compete ao professor ajudar o aluno a identificar os elementos típicos de cada gênero, desde suas diferenças de organização, de sequenciação (por exemplo, quantos blocos o gênero apresenta e em que sequência eles costumam aparecer) até suas particularidades propriamente linguísticas (lexicais e gramaticais). Desse modo, se alarga a visão de uso da língua, ou seja, se deixa de ver a língua apenas como uma coisa uniforme e apenas podendo ser ou "certa" ou "errada". De repente, quem sabe, o aluno vai poder perceber que a língua que ele estuda é a mesma língua que circula em seu meio social.

Nessa visão do uso, o aluno vai percebendo que uma carta, por exemplo, requer um começo, um desenvolvimento, um final, uma escolha de palavras e de regras sintáticas diferentes daquelas de uma história, um aviso, uma instrução ou um requerimento. Essas diferenças não seriam, apenas, objeto de observações fortuitas, assistemáticas e apressadas, mas seriam matéria de uma, de várias aulas, matéria cuidadosamente explicitada, cuidadosamente analisada. Constituiriam, assim, itens do *programa de ensino e aprendizagem*, a partir dos textos propostos para leitura, análise e produção.

Também aqui valeria muito a iniciativa, a atenção e a criatividade do professor para encontrar, principalmente na comunidade local, motivos e oportunidades de leitura. Nesse aspecto, poderia se começar pela descoberta de quanta coisa se pode ler na rua ou no próprio colégio.

Assim, a leitura deixaria de ser uma tarefa escolar, um simples treino de decodificação, uma oportunidade de avaliação, para ser, junto com outras atividades, uma forma de integração do aluno com a vida de seu meio social. Sabemos quanto a integração da pessoa em seu grupo social passa pela participação linguística, passa pelo exercício da "voz", que não deve ser calada, nem reprimida, mas, sim, promovida, estimulada e encorajada.

3.1.4 A *gramática*, na perspectiva da linguagem como forma de atuação social, viria incluída naturalmente. Do jeito que está incluída nas situações comuns da interação verbal. A gramática, como vimos, não entra em nossa atividade verbal dependendo de nosso querer: ela está lá, em cada coisa que falamos, em qualquer língua, e é uma das condições para que uma língua seja uma língua. Não existe a possibilidade de alguém falar ou escrever sem usar as regras da gramática de sua língua. Daí que explorando os sentidos do texto, estamos explorando também os recursos da gramática da língua. Não há, pois, razão para que se conceda primazia ao estudo das classes gramaticais isoladas, de suas nomenclaturas e classificações.

Por outras palavras, a inclusão natural da gramática significa a sua inevitável e funcional aplicação, sempre que nos dispomos a dizer qualquer coisa. Os nossos textos se fazem, inevitavelmente, com *substantivos, adjetivos, verbos, pronomes, conjunções* e outras categorias gramaticais. O que precisa também ser ressaltado é que, se o texto se faz com palavras, seu sentido, sua função não resultam simplesmente dessas palavras. Existem outros elementos e fatores que medeiam e regulam a interação.

Nesse quadro, o que passa a ter prioridade não é, repito, ensinar as definições e os nomes das unidades, nem treinar o reconhecimento dessas unidades (mesmo em textos). O que passa a ter prioridade é criar oportunidades (oportunidades diárias) para o aluno construir, analisar, discutir, levantar hipóteses, a partir da leitura de diferentes gêneros de textos — única instância em que o aluno pode chegar a compreender como, de fato, a língua que ele fala funciona.

Com base em tais orientações, não há por que iniciar os alunos, principalmente na altura do Ensino Fundamental, na distinção e classificação dos ditongos, dos dígrafos e semelhantes, nem insistir nas listas de aumentativos, superlativos, coletivos (alguns já inteiramente fora de uso, sem relevância, portanto) na conjugação descontextualizada de verbos (com o pronome *vós*, inclusive!) e outras práticas de muito pouca aplicabilidade, neste momento da experiência comunicativa dos alunos.

A decisão de incluir a abordagem da gramática de forma natural não significa que as noções gramaticais não sejam, quando necessário, apresentadas ao aluno (cf. Neves, 2000; Nóbrega, 2000). O que se pretende, como venho salientando, é que a aula não pare nas terminologias, nas classificações e que os exercícios de gramática não sejam, apenas, exercícios de reconhecimento das diferentes unidades e estruturas gramaticais.

Assim, o estudo do texto, da sua sequência e da sua organização sintático-semântica conduzirá forçosamente o professor a explorar categorias gramaticais, conforme cada texto em análise, sem perder de vista, no entanto, que não é a categoria em si que vale, mas a função que ela desempenha para os sentidos do texto. Ou seja, mesmo quando se está fazendo a análise linguística de categorias gramaticais *o objeto de estudo é o texto.*

Essa análise linguística poderia ser a análise do substantivo, do adjetivo, do verbo, do artigo, do numeral, (e de suas flexões), da preposição, da conjunção, do advérbio, (e não podia ser diferente, pois não se fala, não se lê, não se escreve, não se entende texto sem tais coisas). Mas não basta saber que MAS, por exemplo, é uma conjunção e, mais ainda, que é uma conjunção adversativa ou que ELE é um pronome pessoal do caso reto. É preciso que se saiba que efeitos se consegue com o uso de um MAS, ou o que pode acontecer com a compreensão do texto quando se usa um pronome.

Ou seja, pela análise dos usos da língua entende-se mais e melhor o funcionamento das unidades da gramática. Por conseguinte, é preciso que se analise o emprego dessas unidades em textos, para que se garanta seu uso com coerência e adequação comunicativa. Em suma, *é preciso analisar, pesquisar o uso da linguagem*, e a mediação do professor deve ser encaminhada, então, para explicitar o funcionamento de todas as categorias na construção dos sentidos do texto, como será sugerido no próximo segmento.

A gradação com que tais categorias vão sendo explicitadas dependerá do desenvolvimento que o professor vai constatando em seus alunos. É natural que, ao final da 4ª série, terá havido oportunidade de abordar os pontos nucleares relativos às classes gramaticais, às suas flexões e funções textuais. Sem perder de vista, em nenhum momento, é claro, a aplicabilidade desses pontos para a fluente e adequada comunicação em língua portuguesa.

Rever os conteúdos programáticos, com base nessa nova concepção de língua, será rever também *os objetivos*, bem como *os procedimentos* do ensino da língua, em todas as fases da escolaridade. Com efeito, um ensino que priorize ampliar *as habilidades do aluno como sujeito interlocutor, que fala, ouve, escreve e lê textos*, prevê objetivos amplos, flexíveis, relevantes e consistentes: de fala, escuta, escrita e leitura de textos. Objetivos que contemplem o exercício da linguagem como um todo, internamente e em harmonia com os contextos sociais em que acontecem. Atividades que envolvem operações globais correspondem ao que as pesquisas em psicolinguística comprovaram como sendo as mais relevantes, uma vez que a percepção, em qualquer nível, não se realiza por pedaço, mas aos blocos, em unidades integradas.

3.2. Objetivos e atividades

Em vários momentos da presente reflexão, tenho expressado o que constitui a meta, a finalidade, o *objetivo* último do ensino do português: *a ampliação da competência comunicativa* do aluno para *falar, ouvir, ler e escrever textos fluentes, adequados e socialmente relevantes.* Tenho observado ainda como, em vista de tal prioridade, deixa de ter primazia o estudo de frases soltas, descontextualizadas e artificiais, criadas com o fim, apenas, de fazer o aluno reconhecer as unidades gramaticais, suas nomenclaturas e classificações. Passa a ter primazia, levando em conta o objetivo acima apresentado, o princípio de que, em qualquer altura do estudo do português, qualquer noção proposta só se justifica pelo papel que ela desempenha na construção e na compreensão de textos[1].

Valia a pena que o professor tivesse o cuidado de explicitar para o aluno os termos de tal objetivo, mostrando-lhe, em cada atividade, *para que* a aquisição daquela noção ou daquela habilidade *lhe convém*. O aprendizado sistemático da língua terá mais proveito se o professor partir *daquilo que o aluno não sabe ainda*. Essas necessidades são detectadas quando se confronta o que ele já sabe com *aquilo que ele ainda precisa aprender,* a fim de se comunicar adequadamente. Em geral, as instruções que introduzem os exercícios são omissas quanto à explicitude de seus objetivos. O aluno é levado a cumprir tarefas sem que se faça maior referência ao que tais tarefas podem acrescentar ao que ele precisa saber para atender às exigências sociais da fala e da escrita adequadas.

---

[1] Como disse na Introdução, tenho consciência de que fui insistente em relação a certos pontos, a certas propostas. Essa recorrência foi proposital, foi didática mesmo, para não deixar na sombra ideias ou posições que considero de grande importância; para tocar, de fato, os professores e incitá-los às mudanças.

Quanto à *metodologia*, o estudo da língua, segundo a concepção admitida aqui, seria centrado em *atividades*, em *produções* (não no sentido mecânico de fazer para "encher o tempo", ou para cumprir a praxe do "dever", simplesmente). Tais atividades de produção teriam a função de *promover* (não de "treinar") no aluno a prática da comunicação verbal fluente, adequada e relevante, e o conteúdo dessas atividades, repito, giraria em torno das habilidades de falar, ouvir, ler e escrever textos, na discriminação que fiz atrás. As implicações pedagógicas apontadas no capítulo anterior contêm, implicitamente, muitas sugestões para a realização destas atividades e produções. Basta o professor explorar sua própria capacidade de pensar, de criar, de inventar para ver como as oportunidades surgem.

O livro didático e a sobrecarga de trabalho em sala de aula deixaram o professor sem oportunidade de *criar* seu curso. Nada tinha que ser inventado. Tudo estava lá. O que se pretende agora é diferente. Mesmo com o livro didático (que está bem melhor, diga-se de passagem), se pretende um professor que lê (tudo!), que pesquisa, que observa *a língua acontecendo, no passado e agora,* em seu país, em sua região, em sua cidade, em sua escola, e que sabe criar suas oportunidades de analisar e de estudar *os fatos linguísticos* que pesquisou. (Observe-se que eu escrevi "fatos linguísticos" e não, simplesmente, "gramática".)

Em relação à questão da gramática, especificamente, venho salientando a legitimidade de sua inserção natural no texto, objeto de estudo. De fato, *não existe texto sem gramática.* Praticar o uso de textos, como estudar o texto, é, inevitavelmente, praticar e estudar a gramática. Ou, melhor dizendo, "as gramáticas", como define Bagno (2000: 159), uma vez que, na verdade, muitas são as variedades de língua que usamos, todas com suas normas. Só que esse estudo deve ser feito numa perspectiva eminentemente interacional, o que significa dizer na dimensão de se perceber como as categorias e regras gramaticais, na verdade, funcionam na construção dos textos, orais ou escritos, curtos ou longos. A partir desse núcleo, é que as atividades deveriam ser criadas, propostas e avaliadas.

Em muitos encontros com professores de português, percebo uma confusão em termos do que seria realmente essa "gramática". Confunde-se o estudo da nomenclatura, das classificações, da análise morfológica ou sintática com gramática. Tais coisas são apenas uma parte da gramática, aquela que corresponde ao que ela tem de mais estável, pois apenas constitui a designação de suas unidades. A gramática supõe um conjunto de regras, de normas que especificam o uso, o funcionamento da língua. Saber, por exemplo, que o pronome pode ser átono ou tônico, reto ou oblíquo, não é "regra" de gramática; agora, saber como o pronome deve ser usado para retomar uma referência feita anteriormente em um texto, por exemplo, é uma regra. Saber que um MAS é uma conjunção coordenativa adversativa não é saber uma "regra" de gramática; regra de gramática é saber como usar o MAS no texto, para sinalizar uma oposição entre dois segmentos e obter assim um efeito específico. Saber que FINALMENTE é um advérbio de modo (?), num enunciado como: *Pedro finalmente foi contratado*, ainda não é saber o uso da língua. É preciso que se saiba o que ficou "dito", embora não explícito, pelo uso desse FINALMENTE, ou seja, que já se esperava há um tempo por essa contratação de Pedro. Como nesse caso, a compreensão dos enunciados em que aparecem advérbios exige que se saiba para onde remetê-los: se para o verbo (como em *Pedro finalmente foi contratado*) se para o enunciado como um todo (o que acontece em *Finalmente, Pedro foi contratado)*. Pode-se ver, mais uma vez, que é muito pouco ficar na identificação da classe gramatical da palavra. Muito será chegar às regras que especificam seu uso.

Tenho quase a certeza de que é essa gramática dos nomes, das classificações, da análise morfológica, da análise sintática que professores, alunos e pais vivem pedindo. É essa gramática que eles julgam ser *a* gramática da língua. Nem eles mesmos sabem distinguir o que é, e o que parece ser, mas não é *gramática.*

Dentro dos limites deste trabalho, poderíamos indicar, como *objeto de atividades* e, assim, como *objeto de estudo,* algumas questões gramaticais de relevância para a compreensão do funcionamento da língua em textos. Vejamos, por exemplo, e muito sumariamente, algumas dessas questões gramaticais, na perspectiva da produção e da compreensão textuais. Evidentemente, não podemos esgotar nenhuma dessas questões aqui. Cada uma delas daria um livro. Vamos apenas selecionar alguns de seus aspectos mais relevantes e que podem ser objeto de análise em textos.

- O uso dos *substantivos* — Nesse âmbito, deve-se levar em conta, sobretudo, a função referencial dos substantivos, ou seja, a função que os substantivos desempenham, na atividade do enunciador de referir-se a pessoas e coisas do seu universo de referência, ao longo do percurso do texto. Nesse sentido, o uso adequado dos substantivos é de extrema relevância para indicar a que entidades estamos nos referindo, numa situação particular de interação e é, por isso, enormemente importante para garantir a clareza referencial do texto. Vale a pena lembrar que, muitas vezes, a falta de clareza do texto resulta da inabilidade das pessoas para selecionar adequadamente as expressões referenciais, ou seja, as expressões com as quais elas se referem a uma determinada coisa ou pessoa. As coisas têm um nome e são referidas nos textos por esses nomes. Indicar adequadamente, para o nosso interlocutor, as coisas ou pessoas a que estamos nos referindo é uma das condições da clareza e da coerência dos textos. Nesse contexto, é que o uso dos nomes próprios recobra sua inteira relevância. Na maioria das vezes, esses nomes aparecem apenas para dizer que eles são escritos com letras maiúsculas.

- O uso dos *adjetivos ou das locuções adjetivas* — Nesse âmbito, deve-se levar em conta a função dos adjetivos não apenas para "dar qualidade aos nomes", mas sobretudo para especificar ou para restringir o alcance da referência feita pelas expressões nominais. Os adjetivos cumprem no texto essa função de delimitar a referência, de especificá-la, de situá-la, de enquadrá-la numa determinada perspectiva. Desse modo, refletem a forma ou a dimensão de como as coisas estão sendo referidas e muito contribuem para sinalizar em favor da identificação pretendida para essas referências. Quando digo "a mulher *moderna*", restrinjo o alcance da referência feita a "mulher" com o uso do adjetivo "moderna". Não falo agora de qualquer mulher, mas apenas da "mulher moderna". Se digo: "A mulher moderna brasileira", restringi ainda mais e assim por diante. O importante é que se chegue a identificar os efeitos alcançados com o acréscimo de um adjetivo ou de uma locução adjetiva e se alcance assim a clareza requerida para o texto. Também vale aqui o cuidado para descobrir usos menos comuns dos adjetivos, ou descobrir jogos que se pode fazer com eles, como apareceu em um anúncio publicitário, a propósito de um carro popular nacional: "*Chegou o pequeno grande carro brasileiro*". Os efeitos de sentido criados aí pelo jogo na colocação dos adjetivos podem proporcionar ótimos comentários e suscitar o interesse dos alunos por perceber, em outros textos, essas curiosidades a que a linguagem se presta.

- O uso dos *verbos* — Nesse âmbito, devem-se levar em conta, sobretudo, as funções sintático-semânticas do verbo, como selecionador dos elementos que constituem o enunciado. Um verbo como OFERECER, por exemplo, requer três elementos: aquele que oferece; a coisa que é oferecida; e o outro a quem se oferece — o que não quer dizer que, em certos contextos, alguns desses elementos não possam estar implícitos. Um verbo como MORAR requer dois elementos: quem mora e onde mora. Um verbo como co-

MUNICAR requer três elementos: quem comunica, o que comunica e a quem o faz. (E assim por diante. O professor poderia continuar com os alunos a análise da predicação nesses termos, observando os usos dos verbos na linguagem cotidiana, sem aquela preocupação classificatória tradicional do verbo como transitivo, intransitivo etc. — coisas que, às vezes, se faz sem atender propriamente à natureza semântica do verbo. Não esqueçamos que, antes de tudo, temos que privilegiar o sentido, a compreensão do que se faz com a linguagem).

O verbo é o núcleo do enunciado, e dele depende a escolha das outras unidades que vão aparecer à sua direita ou à sua esquerda e até o fato de que não vai aparecer unidade nenhuma (como em "choveu"). Não apenas falamos das coisas (ou seja, não apenas *referimos*); mas, falamos delas *para dizer sobre elas algo* (ou seja, para *predicar*) e, assim, podermos ser inteligíveis. Daí por que teria muito sentido um estudo dos verbos que privilegiasse seu valor semântico. Por exemplo: *verbos da comunicação verbal*, como FALAR, DIZER, COMUNICAR, PERGUNTAR, PEDIR, RESPONDER, JUSTIFICAR etc.; *verbos da atividade psicológica*, como PENSAR, REFLETIR, DESCOBRIR, INFERIR, CONCLUIR, DEDUZIR, LEMBRAR, RECORDAR, ESQUECER etc.; *verbos da percepção*, como VER, OLHAR, ESCUTAR, OUVIR, PERCEBER, SENTIR etc.; *verbos que exprimem movimento*, como ANDAR, PARTIR, IR, VIR, SAIR, CHEGAR, CORRER, DANÇAR, DESCER, SUBIR, PULAR, SALTAR etc.; *verbos que exprimem localização*, como MORAR, RESIDIR, FICAR, VIVER etc.; *verbos que exprimem mudança de estado*, como TORNAR-SE, VIRAR etc. e muitos outros grupos que poderiam ser estudados em textos de diferentes gêneros. É claro que não seria possível esgotar aqui as várias classes semânticas de verbos e todos os seus desdobramentos na seleção das palavras para compor as orações de um texto. O que quero deixar claro é que devemos alargar nossas opções de estudo do verbo e de suas funções sintático-semânticas[2]. Normalmente, pouco mais fazemos além de percorrer seus paradigmas de conjugação ou suas possibilidades de complementação, atendendo puramente a critérios sintáticos. Se pelos substantivos se expressam "as coisas de que se fala", pela predicação se expressa *"o que delas se diz"*, completando-se, assim, o esquema básico dos enunciados coerentes. A função dos verbos vai, pois, muito além das regras de concordância com o sujeito e expressa muito mais do que indicam suas flexões de número e pessoa.

- O uso dos *pronomes pessoais, possessivos e demonstrativos* — Nesse âmbito, vale ter em conta a função referenciadora dos pronomes, tal como acontece com os substantivos. Vale a pena também percebê-los como recurso das retomadas coesivas (das voltas que se faz a segmentos anteriores do texto, por exemplo, as chamadas *anáforas*), considerando-se, ainda, as condições textuais e contextuais que tais retomadas requerem, a fim de que as referências feitas no texto não fiquem ambíguas ou imprecisas. Muitas são as atividades que podem ser feitas na exploração das condições de uso dos pronomes no percurso

[2] Sugiro para esse a leitura de Borba (1996), que propõe exatamente uma gramática de valências para o português.

> do texto. Saber que um ELE, por exemplo, é um pronome pessoal do caso reto é muito pouco, é pouquíssimo. O que é comunicativamente relevante é conhecer as regularidades de uso dos pronomes no texto, para que se possa assegurar a clareza, a precisão referencial, a interpretação coerente. Exercícios para identificar os termos substituídos pelos pronomes, bem como outros de identificação dessas retomadas, para se estabelecer as cadeias referenciais de um texto seriam uma forma de explicitar, para o aluno, os mecanismos intuitivos da construção de textos coesos e, por essa via, coerentes. Eventualmente, poderiam ser analisados também os efeitos negativos do uso inadequado dos pronomes para a compreensão do texto. Os casos de ambiguidade referencial dariam muitas oportunidades de análise; por exemplo, os casos em que há mais de um referente para um ELE no texto, de propósito (como nos chistes) ou não.

E por falar em pronomes, poderíamos trazer à tona a velha discussão de suas regras de colocação, entre elas "não começar um período com pronome oblíquo". É preciso conhecer bem o português de Portugal para saber que essa regra se aplica exatamente, e apenas, ao português europeu. No Brasil, o caso geral não é a ênclise, como diz a gramática, mas a próclise, como diz qualquer brasileiro; e aí pode acontecer de o pronome vir no começo do período. A propósito dessa questão, vale lembrar um *outdoor* que, em 2001, circulou em algumas cidades do país. Trazia uma mensagem de prevenção do câncer de mama, em que aparecia uma mulher apalpando-se e, logo abaixo, os dizeres:

Se toque. A cura do câncer pode estar em suas mãos.

Numa discussão com professores, houve quem achasse que "desse jeito não adianta dar aulas sobre colocação pronominal, pois vêm os textos publicitários e põem tudo abaixo." Não é assim que se deve ver esse fato. É preciso analisar com os alunos, em primeiro lugar, o que levantei acima, ou seja, as normas próprias do falar do português do Brasil. Em seguida, identificar e analisar a finalidade desse texto, a pretensão que ele tem de atingir o maior número possível de pessoas e, portanto, a força persuasiva que deve revelar para causar a adesão desejada. Por isso, recorre a uma linguagem mais próxima dos padrões dessa maioria e um registro também mais próximo do informal. O professor poderia, ainda, analisar o efeito pouco interessante que seria dizer: "Toque-se..." Evidentemente, dessa maneira, o texto não teria a mesma força, pois perderia esse caráter de identidade com a nossa maneira mais própria de falar, em situações informais do dia a dia. Pronomes à parte, o professor poderia também explorar a duplicidade de sentido do enunciado, que tanto pode ser interpretado literalmente (*se tocar* = apalpar o próprio corpo) como metaforicamente (*se tocar* = ficar atento). Como venho dizendo, basta abrir os olhos para descobrir muitos exemplares de textos — curtos ou longos —, textos em que os fatos de linguagem acontecem; de linguagem, que não é outra coisa, senão "encontro e interação."

- O uso das *conjunções*, de *expressões relacionais* ou de *partículas de transição*, como "embora", "mas", "como", "conforme", "acima de tudo", "a princípio", "em seguida", "ao mesmo tempo", "além disso", "ainda mais", "igualmente", "se bem que", "por outro lado", "pelo contrário", "dessa forma", "daí", "pela mesma razão", "sob o mesmo ponto de vista", "por certo", "sem dúvida", "como resultado", "quer dizer", "de propósito", "em síntese", entre muitas, muitas outras [para a ampliação desta série, consulte-se Garcia (1977: 262-268)] — Nesse âmbito, vale a pena focalizar essas e tantas outras expressões que marcam o encadeamento entre partes do texto, sejam orações, períodos, parágrafos, que expressam algum tipo de relação semântica entre essas partes de texto. Tais relações podem ser de causa, de tempo, de condição, de oposição, de adição, entre outras, e vão sinalizando a direção que se pretende dar para o que se diz. O reconhecimento dessas relações e de sua função (lógica, argumentativa, discursiva) no texto constitui um saber da mais alta relevância para administrar as possibilidades de organização do texto. São elementos sinalizadores — pistas — para irmos encontrando a direção argumentativa, inclusive, do texto. Esse saber seria bem mais útil que, simplesmente, saber dizer se a conjunção é coordenativa ou subordinativa ou se a expressão é adjunto adverbial ou não. (Infelizmente, já se perdeu tempo demais com essas inutilidades! E "quem" se perdeu nesse tempo perdido?).

- Com *o uso das preposições*, a preocupação não seria muito diferente. Basta analisar o efeito de sua inserção ou de sua omissão num enunciado para perceber o quanto elas pesam para a coerência do que dizemos. "Queixar-se *de*" e "queixar-se *a*" não são a mesma coisa. "Fazer *de* conta", "fazer *em* conta", "fazer *sem* conta" e "fazer *por* conta" também não significam o mesmo. (Essa lista poderia ser aumentada enormemente. Os textos estão aí para nos mostrar os muitos casos. É só procurá-los, professores e alunos.) Ou seja, as preposições sinalizam relações semânticas muito diferentes e têm assim um enorme peso no sentido do que dizemos. Significa muito pouco apenas saber quais são elas e que se dividem em "essenciais" e "acidentais". É, como digo, ficar no rótulo da garrafa, no lado de fora do recipiente e não se deixar embriagar pelo seu conteúdo. Aliás, a escola tem sido mestra nisso: tapeia-nos com os rótulos que têm as coisas da linguagem e nos priva de saborear seu gosto e provar de seu fascínio.

- A ampliação do *vocabulário, em suas relações de sinonímia, de hiperonímia, de antonímia, de homonímia, de partonímia* — Nesse âmbito, deve-se ter em conta, sobretudo, além do "sentido" que as palavras expressam, o papel que a substituição de uma palavra por outra desempenha na construção da continuidade do texto. A cadeia referencial do texto, por exemplo, vai se construindo nas retomadas lexicais, de uma palavra:

a) por seu sinônimo ("o gato" → "o bichano");

b) por seu hiperônimo ("o gato" → "o animal");

c) por um termo que expressa uma caracterização eventual ("o gato" → "o meu companheiro"; "o coitadinho");

d) por um termo que expressa partonímia ("o gato" → "seu focinho"),

sempre, é claro, na dependência dos contextos em que essas sequências são construídas. Por exemplo, em um exercício coletivo de produção de um gênero qualquer de texto, o professor, depois de escrever a versão original dos alunos, poderia orientar essa operação de substituição, pelo uso de palavras ou descrições sinônimas, hiperônimas, metonímicas, ou metafóricas que lhes sejam equivalentes. Os textos são excelente material para análise desses usos. Gosto de lembrar que, nos manuais didáticos, o mais comum são os exercícios com sinônimos. No entanto, a observação de textos me tem feito ver que prevalece a substituição de palavras por seus hiperônimos. Qualquer texto um pouco mais extenso, muito provavelmente, traz um ou mais hiperônimos. E, no entanto, são muito escassas as referências ao uso desse recurso na continuidade do texto. Só para dar um exemplo, vejamos um trechinho de uma reportagem em que se comentava a praticidade do *air-bag*:

> Graças a Deus eu não experimentei a força do *air-bag,* pois nunca fui vítima de um acidente. Mas sou totalmente a favor do *equipamento*. Jamais soube de casos em que pessoas que dirigiam um carro com esse *dispositivo* tiveram um ferimento mais grave. Na compra de um automóvel, o brasileiro deve levar em conta os diversos parâmetros de segurança, e não somente a disponibilidade do *air-bag*. Este último *item*, sozinho, não pode ser considerado o "salvador da pátria".

Vemos que só nesse trechinho aconteceram três substituições do nome *air-bag* por um hiperônimo. De tanto o professor se restringir à troca da palavra por um seu sinônimo (um campo bastante problemático), o aluno nem percebe que existem outros recursos de substituição das palavras em um texto. São palavras e expressões diferentes, mas que remetem para o mesmo referente, ou seja, apesar de diferentes, referem-se ao mesmo objeto ou à mesma pessoa. Da mesma forma, uma historinha pode começar falando de "uma onça" que, mais adiante, é retomada em "o animal", "a fera" (e, dependendo do contexto, em "a coitada", "a pobrezinha" etc.) Como disse, em todo texto um pouquinho mais extenso, acontecem essas retomadas. O que se pretende é que o aluno descubra a função que essas substituições lexicais desempenham na construção da continuidade do texto. Não é demais insistir na improdutividade de estudar, de forma inteiramente descontextualizada, listas de sinônimos e de antônimos. Nesse âmbito do vocabulário, seria produtivo ainda exercitar a identificação *de palavras semanticamente associadas* (como festa, carnaval, bloco, samba, ritmo, bateria, ala, fantasia, componentes, desfile, figurante, enredo etc.), um princípio constitutivo da textualidade e que muito contribui para a coesão e a coerência do texto[3].

Seria de muita relevância também identificar *as palavras-chave de um texto*, ou seja, aquelas que correspondem semanticamente ao tópico central em torno

---

[3] Acerca de todas essas questões, vale muito a pena consultar (e usar em aula!) os livros de Rodolfo Ilari: *Introdução ao léxico* e *Introdução à semântica* (ver bibliografia).

do qual o texto se desenvolve. Também seria útil que o professor explorasse com os alunos os processos de criação de novas palavras e identificasse, nos diferentes contextos sociais, o aparecimento dessas palavras, oportunidade em que seria útil também a reflexão sobre a natureza "viva" das línguas, as quais constantemente se renovam também pela inclusão de novas palavras. Nesse mesmo contexto, vale lembrar ainda a conveniência de promover debates sobre a questão tão atual dos empréstimos linguísticos (a famigerada polêmica dos estrangeirismos), sem deixar de discutir o que eles significam do ponto de vista das relações interculturais[4].

Ótimas atividades também poderiam acontecer em torno da questão da *polissemia* das palavras, com exploração, é claro, das *metáforas* e da *metonímia*. Os textos publicitários sobretudo (sem falar nos textos poéticos, é claro) trazem exemplos valiosos desses "deslizamentos" de sentido, coisa que todos nós fazemos e que a escola, nem sempre, tem o cuidado de incentivar. A preocupação com a língua certinha, "bem-comportada", da escola inibe a criatividade necessária para "dizer" diferente, para fugir daquela forma que todo mundo usa. Nesse mesmo contexto, poderia lembrar o uso das palavras homônimas, que muito se prestam a propositados efeitos de sentido, principalmente àqueles ligados à ambiguidade, aos chistes, aos trocadilhos, tão apreciados até mesmo em situações formais. Recentemente, alguém falando das divergências internas do Partido dos Trabalhadores dizia que "O Partido nunca esteve

---

[4] Ver, a propósito, o livro organizado por C. A. Faraco, *Estrangeirismos: guerras em torno da língua* (citado na bibliografia).

tão partido!". E Millôr, em suas muitas observações criativas, diz que "Bem-aventurados os filhos dos ricos, porque eles herdarão o reino dos seus". Ditos como este não poderiam deixar de ser objeto de análise, e o professor não poderia deixar de estimular os alunos para documentá-los e para produzi-los.

Só para efeito de ilustração, trago uma pequena amostra desses textos, que se impõem exatamente pela criatividade na exploração daqueles deslizamentos de sentido, seja pela polissemia, seja pela homonímia ou pela metonímia. Não importa. O que importa é que, com esses recursos, o autor produz um efeito agradável de novidade, de interesse, de convencimento. Observemos os exemplares que seguem, copiados, geralmente, de revistas, de outdoors ou até de adesivos presos aos vidros dos carros, aos quais faço pequenos comentários, que podem inspirar outras análises dos professores e alunos. Vamos lá!

"A Fiori é coisa de cinema"

(adesivo de propaganda).

Esse texto só pode ser interpretado se soubermos o significado metafórico que comumente se empresta à expressão "coisa de cinema", entendida, então, como "coisa muito boa", "para além da realidade", digna, portanto, de registro ou da apreciação estética. Desse ponto, o professor poderia passar para o sentido de uma outra expressão bem comum, "coisa de novela", para significar "enredo ou situação de vida com muitas e imprevisíveis complicações"...

"Medicina: uma paixão sem remédio"

(adesivo indicativo de que o dono do carro é estudante de medicina).

Nesse caso, é de se observar, em primeiro lugar, a associação semântica entre "medicina" e "remédio". Em seguida, o mais relevante, que é o jogo que se faz com as expressões "medicina" e "sem remédio", uma combinação que, fora do jogo metafórico, pareceria uma contradição inaceitável. Essa contradição é desfeita no texto, exatamente, porque a expressão "sem remédio", nesse contexto, significa "sem cura". Ou seja, não há outra opção para aqueles que querem a medicina. São jogos de sentido, uma espécie de "brincadeira" com as possibilidades de "deslizamento do significado" das palavras, o que é muito mais relevante, sem dúvida, que a exploração apenas morfossintática de seus elementos.

"Tem pai que é mãe"

(outdoor *de propaganda, que circulou no Recife em 2002, por ocasião do dia dos pais).*

Interpretada literalmente, a afirmação seria absurda. No entanto, a equivalência explorada aí é de outra ordem: tem pai que revela a mesma solicitude e o mesmo carinho que a mãe — o que não deixa de ser também uma alusão elogiosa à mãe ou, quem sabe, uma remota alusão à crença preconceituosa de que "amor, carinho, dedicação é coisa mais típica de mulher". De qualquer forma, o texto merece ser analisado, deste e de muitos outros pontos de vista. Lembro apenas o uso do verbo "ter" neste contexto, no lugar de "haver", o que caracteriza muito bem uma variante do português brasileiro. Reiterando outros comentários, chamo a atenção para a multiplicidade de elementos que o professor pode explorar junto com o aluno. Como disse, se fizermos isso, não haverá tempo para as irrelevâncias gramaticais, que consomem tanto tempo de aula.

"Dê folga a seu anjo da guarda"

(anúncio de uma empresa de segurança de valores.)

Nesse caso, merece uma primeira exploração a alusão ao personagem "anjo da guarda", personagem que remonta à crença cristã de que todos nós dispomos de um "anjo" que nos acompanha, que nos vigia, dia e noite, e nos protege de todos os perigos. "Dar folga" — que é uma expressão bem comum à nossa experiência de trabalhadores — implica dispensar essa tão garantida proteção, uma vez que contamos com a vigilância da empresa de segurança, que fará as mesmas vezes do anjo da guarda. Como se pode ver, existe no anúncio o propósito de enaltecer a empresa, atribuindo-lhe poderes que estão mesmo acima das possibilidades humanas. No fundo, o comercial pretende que se perceba a empresa com poderes sagrados, capaz de merecer incondicional confiança. Não se pode deixar de reconhecer ainda o teor de intertextualidade desse texto, pois sem o conhecimento prévio da figura do anjo da guarda não é possível interpretá-lo adequadamente.

"Não temos nenhum coelho a tirar da cartola"

(trecho de uma declaração do presidente do Banco Central, em 2002, falando da crise econômica do país.).

Outra vez, está envolvido aqui o conhecimento prévio da experiência e não apenas o conhecimento dos significados das palavras que compõem o trecho. Ou seja, pela expressão, o presidente quis dizer que não há soluções mágicas, como aquelas de que se servem os ilusionistas, para causar impacto nos espectadores, quando vão tirando coisas da cartola até a surpresa maior: o coelho, o totalmente inesperado, o quase absurdo. Esses jogos de sentido, tão comuns em nossas interações diárias, possibilitam uma visão dos usos da língua, que se presta a essas analogias, conferindo ao texto uma imprevisibilidade interpretativa maior e, consequentemente, elevando seu grau de informatividade. Coisas relevantes, afinal!

"Inscreva-se na UPE e dê um curso à sua vida"

(texto de propaganda do vestibular da Universidade de Pernambuco, em 2001).

Aqui, a palavra-chave que instaura o jogo é "curso". Primeiramente, vale notar a oportuna contextualização dessa palavra, caindo em cheio no âmbito semântico do universo da instituição escolar, sinalizado pelo verbo "inscreva-se" e pela sigla UPE. Em segundo, vem a duplicidade de interpretação possível para: "dar um curso a", no sentido de poder frequentar um curso na UPE, e "dar um curso a", no sentido de "encontrar um rumo, uma direção para a vida". Nessa segunda interpretação, vale notar que o sentido está em toda a expressão "dar um curso a" e, não, simplesmente na palavra "curso". Desse texto, o professor poderia ir, com os alunos, levantando outras alterações de sentido provocadas pela polissemia das palavras. Ou seja, por essa linha de análise, não falta o que fazer em sala de aula.

> "No Brasil apenas 1% tem.
> Os restantes 99% têm que"
>
> *(Millôr Fernandes).*

O jogo a ser ressaltado aqui decorre dos diferentes sentidos de "ter" e de "ter que", uma exploração interessante a ser feita com o levantamento de muitas outras ocorrências em outros contextos. Mas não se pode deixar de notar a propositada omissão do complemento do verbo "ter", recurso com o qual o autor, além de elevar o grau de imprevisibilidade do texto, lhe confere também um tom meio satírico e contestador. Essa omissão é legitimada pela suposição do autor de que os leitores saberão preencher essas lacunas dos complementos verbais. Muito bem: o autor jogou com os sentidos diferentes do verbo "ter" e com as legítimas pressuposições dos leitores. Saiu daquele "bom comportamento linguístico": tudo certinho, tudo correto, mas sem graça e sem sabor. (Há contextos em que "o bom comportamento linguístico" é adequado e pode ter sabor. Vale a pena também mostrar que os contextos de uso da língua impõem essas variações.)

> "Internete-me"
>
> *(disse um poeta — cujo nome desconheço —, num recital apresentado num Congresso, em 2001).*

Observe-se, nesse caso, a originalidade do jogo que foi feito com a palavra "internet", um neologismo da classe dos nomes, e um possível verbo "internetar", graças à aproximação formal entre as duas palavras. Veja-se, por exemplo, as formas "promete-me", "remete-me", com base em que se pode admitir a criação do "internete-me".

Não é fantástico descobrir esses jogos que se fazem com a linguagem? Deles estão cheios os jornais, as revistas, os ditos populares, os chistes. Basta procurá-los. Os que nesta seção analisei foram todos textos curtinhos, o que não quer dizer que os textos maiores também não se prestem a análises. É evidente que sim. Outra vez eu digo: basta procurá-los. Não é necessário que o professor invente frases para provocar o aparecimento dos fenômenos linguísticos. Eles estão aí, naturalmente, nos textos em circulação.

Bem diferentes das análises sugeridas acima são outras que o ensino do português tem condicionado com sua prática de análises morfológicas e sintáticas, totalmente desvinculadas do sentido e inteiramente irrelevantes do ponto da vista da comunicação. Se não, vejamos um exemplo, depois de observemos a charge a seguir:

No último vestibular das universidades federais de Pernambuco, numa das questões discursivas da prova de português, era solicitado ao aluno que, "tomando como base os sentidos da palavra teto" fizesse uma análise da charge acima. A pretensão dos examinadores era que os candidatos percebessem o caráter polemizador do texto, implicado no contraste das duas situações retratadas e expresso no jogo motivado pelos usos diferentes da palavra TETO. O teor crítico e

© Angeli/ divulgação

denunciador do texto estava veladamente subjacente, de forma muito sutil e aparentemente neutra, como se não pretendesse mais que retratar duas situações aparentemente desconexas. A recorrência da palavra TETO, nesse contexto de pretensa neutralidade, parecia, apenas, um pormenor eventual.

Evidentemente, muitos alunos, uns mais, outros menos, apreenderam o jogo de sentido estabelecido e reconheceram essa força denunciadora do texto. Não faltaram, no entanto, análises que, como se disse atrás, constituem verdadeiros indícios da perspectiva com que os fatos linguísticos são vistos nas aulas de português. Trago aqui um desses exemplos, pela força que ele pode ter para nos demonstrar quanto é possível, pelo que fazemos em sala de aula, nos distanciarmos do caráter de encontro e de interação que constitui a essência da linguagem. Escreveu o aluno:

> *"No primeiro balão a palavra* teto *é núcleo do sujeito. Ainda no primeiro balão, há uma oração subordinada adjetiva restritiva. No segundo balão a palavra* teto *é substantivo. Ainda no segundo balão, há uma oração subordinada completiva nominal".*

E acrescentou:

> *"o teto salarial: objeto direto*
> *para: preposição*
> *Presidente Ministros e Parlamentares: sujeito*
> *Pai: sujeito*
> *o que: artigo e preposição*
> *É teto: objeto direto."*

Pelo que se pode ver, esse aluno "saiu" totalmente do âmbito do sentido, da comunicação, da interação; ou melhor, nem foi capaz de lá entrar para fazer qualquer cálculo interpretativo. Enganchou-se, como se diz, pelos fios da nomenclatura, das classificações e perdeu a chance de realizar o encontro com as pretensões do autor. E tem muita gente que pensa que fazer esse tipo de análise é estudar gramática e é desenvolver no aluno as competências comunicativas necessárias à interação social. Infelizmente, na maioria dos casos, é essa gramática que se defende, que se apregoa como conteúdo imprescindível às aulas de português.

É curioso observar que os professores (e também os pais dos alunos!) não se interessam pelo estudo da "gramática" e pelo estudo do vocabulário na mesma medida. Quase nunca se vê uma reclamação em torno do pouco esforço que se faz nas aulas de português para que os alunos ampliem seu vocabulário, ampliem suas opções de dizer as coisas, saibam dizer o mesmo de outro jeito. A obsessão pela gramática tem funcionado como uma espécie de "viseira", que deixa pais e professores enxergarem apenas numa única direção. O que está bem ali do lado ninguém vê. A gramática (mais especificamente, a nomenclatura gramatical) é esse ponto central, ou seja, a única coisa que tem visibilidade na escola.

- O uso dos *artigos definidos e indefinidos* — A esse propósito, merecem atenção as implicações que, no âmbito das referências feitas, o emprego dos artigos tem no desenvolvimento do texto. Nenhum aluno duvida quanto ao uso de "o" ou "a" antes da palavra "menino", por exemplo (e, como diz Possenti, 1997: 37: "O que já é sabido não precisa ser ensinado"). O que nem sempre os alunos sabem é como distribuir, ao longo do texto, ora o definido, ora o indefinido — ou, até mesmo, quando omitir qualquer um dos dois — e os efeitos que isso causa para a correta identificação das referências feitas no texto. Quando digo: "Era uma vez *um* rei que morava num castelo muito distante. Um dia, *o* rei saiu ...", o uso do artigo definido na segunda ocorrência é absolutamente requerido para se indicar que se trata do mesmo rei. O uso do indefinido implicaria que um outro rei entrava em cena. Não tenho certeza de que esse tipo de regularidade seja explicitado em aulas de português.

- A *concordância verbal e a nominal* — Nesse particular, deve-se ter em conta, antes de tudo, que as marcas da concordância podem funcionar como pistas para que se possa, com êxito, relacionar unidades do texto e estabelecer, assim, sua continuidade. Um trecho de um texto cujos verbos têm o mesmo sujeito — e isso vem sinalizado pelas desinências verbais — traz, então, marcas morfossintáticas de que se centra em um mesmo tópico. As desinências dos nomes (substantivos e adjetivos) são também sinais que nos ajudam a relacioná-los e encontrar o sentido pretendido pelo interlocutor (embora nem sempre isso funcione inequivocamente — veja-se a ambiguidade dessa manchete de um jornal *"Presos acusados de roubar carro"*. Ou ainda essa outra: *"É fácil comprar arma roubada no Brasil"*). Ou seja, a concordância não vale apenas como indício da correção gramatical ou, como se vê em geral, como indício de que "se fala a norma culta". O mito do "falar certo", nos meios sociais letrados, está comumente associado à concordância. Qualquer correção de texto vai, imediatamente, em cima desse ponto. Esquece-se de que a concordância é, antes de tudo, uma das muitas pistas que indicam ao interlocutor que relações estabelecer no texto, um procedimento indispensável para a atribuição de seu sentido parcial e global. Em suma, o que se pretende

> é que toda questão gramatical estudada tenha aplicabilidade textual, tanto mais nas primeiras séries da vida escolar, nas quais é crucial que o aluno aprenda a gostar, a valorizar o estudo da sua língua e em que é crucial, ainda, que ele se sinta capaz de fazê-lo com sucesso.

Ainda no âmbito da concordância verbal, poderíamos selecionar aqueles contextos em que mais facilmente as pessoas tendem a não fazer as devidas flexões. Por exemplo, o sujeito posposto ao verbo, como em "chegou o professor", deixa o sujeito em posição de complemento e, aí, a tendência natural é não se fazer a concordância, como em: "Chegou os professores"; "saiu as notas"; "como foi as férias?" e outros similares.

Outro contexto que também leva à não concordância acontece quando o sujeito é formado por um nome mais uma expressão plural, como em: "A análise dos textos". Nesse caso, é muito frequente também ouvir — mesmo em contextos acadêmicos (o que indica que os "erros" não são tão aleatórios assim): "A análise dos textos demonstraram que...".

Merecem atenção, também, os casos em que o sujeito se distancia muito do predicado e pelo meio ocorrem palavras de número diferente daquele em que se encontra o núcleo do sujeito, como em: "O problema dos principais investidores nacionais..." Nesse caso, também a tendência é que se diga "O problema dos principais investidores nacionais foram...".

Ou seja, além de apresentar apenas aquelas normas da concordância — algumas bem pouco frequentes em nossas interações — seria bom ressaltar esses contextos onde são bem comuns as variações de concordância e mostrar, como disse, que eles não são tão aleatórios assim. Existe em cada contexto alguma coisa que provoca o tal deslizamento. Ainda mais: toda e qualquer regra gramatical deve ser explorada com muita flexibilidade, tendo em vista que as normas linguísticas podem mudar de acordo com a força do uso. Não nos esqueçamos de que nós é que mandamos na língua, como disse Luís Fernando Veríssimo.

- *Os sinais de pontuação* — Nesse âmbito, é necessário que o professor ajude o aluno a entender que os sinais de pontuação são isto mesmo — *sinais* — e, como tais, são instruções que auxiliam o leitor na busca do significado, das intenções e dos objetivos do texto e de cada uma de suas partes. O interessante seria que a pontuação fosse vista, sempre, como uma coisa relacionada ao sentido, à coerência do texto, isto é, como um recurso que facilita a compreensão. Por isso é que esses sinais são importantes. E, como sinais, uns são imprescindíveis — senão o sentido fica comprometido — outros são facultativos, pois são apenas enfáticos ou expressam um ponto de vista pessoal. O certo é que há inúmeras atividades que o professor pode fazer com os alunos em torno da pontuação. Pode, apenas para dar um exemplo, ir fazendo alterações na pontuação de um texto (ou de um segmento) e analisar com os alunos os efeitos de sentido que tais alterações provocariam. Vejamos como se diz coisas diferentes em: "Poupem, meus amigos" e "Poupem meus amigos." Enunciados como esses estão à solta por aí. Basta prestar atenção.

- Evidentemente, a *análise linguística* de todos esses pontos não pode perder de vista *os contextos em que a interação acontece.* Para entender satisfatoriamente um enunciado, não basta que se entenda o sentido das palavras que lá aparecem ou o valor semântico das estruturas gramaticais usadas. O recurso ao contexto de uso desse enunciado é fundamental para que se chegue, além do sentido, à interpretação da intenção pretendida. Aliás, a escola descuida dessa interpretação das "intenções". Fica apenas no sentido, como se as coisas que dizemos não carregassem, além de um sentido, uma intenção, uma finalidade. Por exemplo, quando alguém diz:

Tá chovendo.

dependendo do contexto (e da entonação, é evidente), pode-se entender que esse alguém está querendo dizer que:

- *Não teremos seca este ano.*
- *Não podemos sair agora.*
- *Devemos sair já; as ruas costumam alagar.*
- *O clima tá muito bom pra dormir.*
- *Tem que fechar as janelas.*
- *O trânsito vai piorar.*
- *É preciso pegar a roupa que tá secando na corda.*
- *É preciso ir buscar o guarda-chuva.*
- *Vou tomar banho de bica.*

E muitas outras coisas. O professor bem que poderia listar com os alunos outros contextos para esse enunciado (e seus diferentes significados) bem como para outros enunciados. A análise de frases soltas, descontextualizadas, não favorece o reconhecimento dessa dependência entre *a linguagem* e seus *contextos de uso*. Muito menos se essa análise ficar restrita ao reconhecimento da classe gramatical ou da função sintática da palavra.

A ampliação da perspectiva de análise dos fatos linguísticos precisa acontecer. É necessário que o recurso à pragmática seja uma constante, para se poder *apreender a língua que, de fato, acontece*, na imensa heterogeneidade de seus usos e de suas formas[5]. Não é preciso inventar exemplos: a realidade está aí, com a língua tal qual se usa. Desconcertante, às vezes; "bem comportada", em outras; mais formal, mais informal, aqui e ali; enfim, de todos os jeitos e com muitas caras, sujeita à imprevisibilidade, pois é a voz de todos, em toda parte.

Ainda a título de ilustração, sugiro que *"o fazer" da produção de texto seja objeto de ensino*, o que significa dizer que seja matéria de aula. Ou seja, discussões sobre como *"escrever um texto"* não podem ocorrer na sala de aula apenas eventualmente, por acaso. Elas devem ser "o normal" da sala de aula, o esperado, cada dia, cada vez que se torna relevante.

---

[5] Sugiro ainda a leitura de Suassuna (1995), oportunidade em que a autora defende uma abordagem pragmática da língua, para que, entre outras coisas, "aluno e professor pudessem 'flagrar' a língua em funcionamento, vendo-se ambos como sujeitos de sua prática histórica e linguística" (p. 147).

À guisa de ilustração, poderia sugerir o seguinte: o grupo começaria por decidir-se quanto ao gênero em que vai escrever (vale a pena diversificar ao máximo os gêneros a serem escritos, tal como acontece no dia a dia). Um exemplo: a escrita poderia ser uma carta ao prefeito da cidade, pedindo que providencie iluminação adequada para a rua da escola. Seguia-se uma discussão, com anotações no quadro, sobre as partes que tem uma carta, sobre como vai ser dividido e organizado o que vai ser dito e que características formais (as de tratamento, por exemplo) deve ter uma carta dirigida a uma autoridade administrativa. Se o texto fosse produzido coletivamente, passava-se, depois, à sua revisão. Em conjunto, professor e alunos, e advertidos para a função do que iam realizar, reviam cada parte, discutindo e decidindo a alternativa mais adequada, a escolha mais acertada das palavras, levando em conta o conjunto de fatores situacionais envolvidos, inclusive o fato de os emissores poderem ser crianças ou adolescentes. A própria realização dessa atividade já era "uma lição".

Nessas revisões do texto, para a escolha da versão final, os alunos teriam a oportunidade de experimentar o processo global da redação cuidada, pensada, da redação funcional, a qual supõe idas e vindas, cortes e recortes, supressões, permutas, acréscimos e outros tantos ajustes. Teriam a oportunidade, inclusive, de compreender por que os ajustes se fizeram necessários. Então, todas as reformulações, inclusive as gramaticais, seriam justificadas com base na estrutura da língua e nas convenções sociais estabelecidas para o gênero particular do ato verbal em questão. No final, e dependendo do nível da turma, poderiam vir os detalhes do preenchimento do envelope, da função do correio, do carteiro, elementos que, sendo parte da vida dos alunos, podem motivá-los. Muito mais, me parece, do que receber, sem mais nem menos (como vi em um livro didático) a proposta: "Narre um baile entre as flores de um jardim". Não pretendo, é óbvio, com essa observação, anular da prática da escrita dos alunos o recurso à fantasia. O que está em jogo no momento é propor que se viva com o aluno uma escrita suficientemente motivada, que seja resultado de um estado de "querer dizer" o que se tem a dizer. Esse estado levará o aluno a pensar, criar, planejar, escrever, rever e refazer o texto, tal como a escrita madura prevê.

CAPÍTULO QUATRO

Redimensionando a avaliação

Gerar informações ... para identificar os pontos críticos no processo de aprendizagem.
ELIZABETH MARCUSCHI

No processo de ensino-aprendizagem escolar, o ensino e a avaliação se interdependem. Não teria sentido avaliar o que não foi objeto de ensino, como não teria sentido também avaliar sem que os resultados dessa avaliação se refletissem nas próximas atuações de ensino. Assim, um alimenta o outro — tudo, é claro, em função de se conseguir realizar o objetivo maior que é desenvolver competências nos campos que elegemos.

Na rotina de nossas atividades escolares, o fio dessa interdependência parece ter-se rompido e, desse modo, avaliação e ensino nem sempre guardam essa reciprocidade. Com grandes prejuízos para o ensino, pois, em muitas casos, a avaliação passou a ser uma espécie de finalidade: a aula é dada para preparar a prova; o livro é lido porque "é pra nota"; a literatura é consultada porque "cai no vestibular", e assim por diante. Estuda-se *para*... "uma prestação de contas", que pode ser mensal, trimestral, anual, no final do ciclo etc. Daí ser o termo "cobrar" uma expressão bem corrente no discurso da escola, o que bem claramente denuncia esse lado mercadológico do ensino. É mais do que oportuno, pois, perguntar-se sobre os "descaminhos" da avaliação e decidir por uma mudança de rumo, mudança que tem suas origens na revisão de nossas concepções. Sim, porque mudar, seja o que for, tem que começar pela revisão de nossos fundamentos conceituais. Se não, muda apenas o palavreado, muda apenas a fachada...

4.1. Em revista, a lógica de nossas concepções

Se o ensino da língua merece uma reorientação, não é diferente quando se trata da avaliação dos resultados desse mesmo ensino. Por muitas razões, razões disciplinares inclusive, o processo de avaliação escolar converteu-se num instrumento de seleção dos alunos, apenas, conforme os graus (traduzidos numericamente) de seus desempenhos. Com matéria e data marcadas, os "testes", as "provas" acontecem, exatamente para isso: para que se teste, para que se prove; normalmente, com honrosas exceções, para que se prove o que ficou na memória. Tudo de acordo com a política assumida na hora da aula "dada": "passa-se" uma informação que é "devolvida" no dia da prova, por vezes, literalmente devolvida.

Recentemente, um comercial transmitido pelas emissoras nacionais de televisão me chamou a atenção, pelo modelo de aprendizagem escolar que estava lá sutilmente embutido, inclusive o modelo de professor também. O comercial constava da seguinte cena: um menino está sentado, estudando; a campainha da casa toca e uma voz lá de dentro diz que "deve ser a professora" do filho. De fato, o pai abre a porta, e entra a professora que logo se dirige ao menino, perguntando se ele "aprendeu direitinho a lição", *conforme ela ensinou*. O menino diz que sim, e aí a professora começa a interrogá-lo. O menino vai respondendo às perguntas, uma a uma, sem hesitação, com uma certeza dogmática de quem afasta qualquer possibilidade de hesitação, de dúvida ou de questionamento. Tudo transparente, tudo posto, tudo certo, acabado, resolvido, estabilizado.

Eu me perguntava sobre que concepções de escola, de aprendizagem, da intervenção do professor passam (naturalmente) pelas peças desse jogo, que de inocente não tem nada. Que concepções de avaliação estão aí implicadas nesse pingue-pongue de perguntas e respostas? Onde é que está o professor que faz pensar, que leva o aluno a perguntar, a contestar, a relacionar, a levantar hipóteses, a comentar, a acrescentar? Que tipo de cidadãos estamos querendo formar com esse procedimento simplista da aceitação pacífica e mnemônica do que a autoridade nos diz? Mesmo que digamos o contrário, essas encenações, as reais e as fictícias, falam de nossa visão distorcida do que seja ensinar e do que seja verificar ou avaliar se o aluno conseguiu assimilar o que lhe propomos.

Ou seja, falta rever nossas concepções de avaliação, a fim de desgrudá-las de uma finalidade puramente seletiva — quem passa, quem não passa de ano — e instituir uma avaliação em função da aprendizagem. Uma avaliação, portanto, que seja uma busca dos indícios, dos sinais da trajetória que o aluno percorreu, o que, por outro lado, serve também de sinal para o professor de como ele tem que fazer e por onde tem que continuar. Na verdade, pela avaliação deveria ficar evidente para o professor *que coisas ele ainda precisa trazer para a sala de aula como matéria de análise, reflexão e estudo*. O professor avalia o aluno para também, de certa forma, avaliar seu trabalho e projetar os jeitos de continuar. Daí que a avaliação não é apenas um evento isolado, previsto no calendário da escola, depois do qual tudo é retomado tal como estava pensado, sem que os resultados alcançados sirvam de algum suporte para futuras decisões. Felizmente, algumas escolas já têm descoberto novos parâmetros de avaliação — ou seja, uma avaliação a serviço da regulação das aprendizagens, como propõe Perrenoud (1999: 10) e a "tortura" dos dias de prova tem dado lugar a muitas oportunidades para que o aluno se observe e reveja o que pôde alcançar em seu desenvolvimento e o que o impediu de fazê-lo com maior êxito.

Restringindo-se às atividades de produção de textos, a avaliação atual das produções dos alunos não tem se afastado muito das práticas tradicionais de destacar (quase sempre em vermelho) os erros (que erros se destacam?) cometidos, com o acréscimo da alternativa correta ao lado. O aluno, sem ser levado a pensar a inadequação de sua escolha ou o porquê da substituição apontada, recebe passivamente esta interferência do professor e parte para a próxima experiência, sem ter ampliado sua própria capacidade de avaliar o que lê, o que diz ou o que escreve.

Em decorrência do conjunto de princípios apresentados e das implicações que eles guardam, parece razoável admitir que, de saída, a avaliação deve deixar os limites estreitos da mera indicação dos erros, ou da mera atribuição de notas, para fins de marcar a transição dos alunos para as séries seguintes. Deve, na verdade, proporcionar ao aluno a consciência de seu percurso, de seu desenvolvimento, na apreensão gradativa das competências propostas. Deve indicar ao professor as hipóteses que os alunos têm acerca do uso falado e escrito da língua, para que, quando necessário, eles reformulem essas hipóteses, sem a experiência amarga e desencorajadora de se sentirem incompetentes, "em erro" e linguisticamente diminuídos.

Nessa perspectiva, é bom que o professor se apoie nos resultados apresentados pelos alunos, seja em leitura, seja em escrita, para decidir o que vai selecionar como próximo objeto de estudo, para que não fique ensinando aquilo que os alunos já sabem ou deixe de ensinar aquilo que eles precisam saber. Por exemplo, nenhum aluno tem dúvida quanto ao gênero gramatical de palavras como "livro", "lápis", "casa" etc. Daí o motivo por que parece perda de tempo estar exercitando os alunos no simples reconhecimento, pela anteposição do artigo, do gênero gramatical de palavras como estas.

Convém ainda que o professor converta cada momento de avaliação num tempo de reflexão, de pesquisa, ou seja, de ensino e aprendizagem, de reorientação do saber anteriormente adquirido. Sem o ranço das atitudes puramente "corretivas", de "caça aos erros", como se o professor só tivesse olhos para enxergar "o que não está certo".

Sempre que lhe parecer oportuno (e tomara que pareça muitas vezes!), o professor deve mostrar a flexibilidade dos usos da língua, deve mostrar que existem diferentes maneiras de dizer (e de dizer bem!) a mesma coisa; ainda que dentro do mesmo contexto ou, mais ainda, em contextos diferentes. Essa flexibilidade desfaria a ideia equivocada de que "só existe uma maneira certa de dizer as coisas". Na verdade, a maneira certa de dizer as coisas depende da situação: depende de quem diz, a quem diz, onde e para quê.

Convém lembrar ainda que, neste trabalho de avaliação, o professor deve valorizar, deve estimular cada tentativa, cada conquista do aluno, favorecendo, em todo momento, a formação de uma autoestima elevada, responsável, agora e sempre, pela disposição de tentar falar e escrever, mesmo sob o risco da incompletude e da imperfeição.

4.2. O tempo para a avaliação

A avaliação, em função mesmo de sua finalidade, *deve acontecer em cada dia do período letivo,* pois *a aprendizagem, também, está acontecendo todo dia.*

Evidentemente, não pretendo propor a ingenuidade permissiva e simplista de aceitar qualquer resultado. Ou seja, não se quer simplesmente aceitar qualquer coisa que o aluno escreve, ou qualquer interpretação para um determinado texto. Não é isso. O que pretendo ressaltar, isto sim, é uma atitude positiva, respeitosa, esclarecida e estimuladora do professor que sabe estar promovendo um desenvolvimento que só pode acontecer gradualmente e que, para acontecer, precisa de sua intervenção, que é imensamente significativa.

É bom que o professor esteja atento também para o fato de que há escolhas inadequadas ("erros", na literatura escolar) que são "normais" dentro da perspectiva deste desenvolvimento em processo e, por isso, podem funcionar como indícios das etapas vivenciadas e podem ser pistas para a decisão do que fazer nas próximas aulas.

Insisto em dizer que a avaliação centrada na "caça aos erros", como prova do que não se conseguiu fazer, inibe a expressão do aluno e condiciona, de certa forma, o bloqueio com que, mais tarde, as pessoas encaram a prática social da escrita. Esta prática da "caça aos erros", repito, fez com que o professor de português, ao longo do tempo, se especializasse apenas em procurar o "errado" e, sem muita reflexão, discernir sobre os erros. Parece que ele não é capaz de perceber outra coisa e, de fato, acaba não sendo, pois, como adverte Millôr Fernandes, "tudo é erro na vida do revisor" (p. 165). O fato de o professor, diante dos trabalhos dos alunos, ter apenas que procurar os erros tornou-se uma coisa tão natural que o termo consagrado para essa leitura do professor é "corrigir". A pergunta que os alunos nos fazem é sempre: Professor(a), o(a) senhor(a) já *corrigiu* as provas? Por que não perguntam se já vimos, se já lemos seus trabalhos, seus textos? Uma análise semântica revela: "corrigir" é uma palavra que implica naturalmente uma outra: "erro". Na verdade, o professor não lê, não avalia o que os alunos escreveram: o professor "corrige", porque, como revisor, só tem olhos para os erros. Nem vê as coisas interessantes que os alunos escreveram ou os progressos que eles revelaram alcançar.

Valia a pena não esquecer que há uma "correção" preventiva que a escola pode adotar com sucesso: a exposição do aluno a bons textos orais e escritos, ainda assim, com o devido cuidado para que esses textos funcionem para todos nós como "horizontes" (ver Geraldi, 1997: 165) e não como provas de uma excelência que até inibe a expectativa de quem está começando. Assim, a leitura constante — diária, mesmo — de textos interessantes e variados, a opção pela escrita funcional (escrita de textos reais, com leitores reais), ou seja, a exposição ativa do aluno à compreensão e produção de textos constitui um exercício naturalmente ativador da fluência e da adequação comunicativa que o professor deve estimular e promover.

Como referi acima, a avaliação deve realizar-se como exercício de aprendizagem. Neste sentido, o procedimento básico deve ser discutir com o aluno em que e por que seu texto não está adequado e, na mesma dimensão, descobrir com ele as alternativas de reconstrução de seu dizer. Tal prática tem, inclusive, a vantagem de iniciar o aluno na tarefa de ser ele mesmo o primeiro revisor de seu texto. Dessa forma, ele vai aprendendo a refazer sua primeira redação até chegar àquela definitiva que chegará às mãos do leitor. E vai vivendo a experiência de perceber a imensa versatilidade da língua.

A revisão do texto — conforme vimos, uma das etapas previstas na produção adequada de textos — deve constituir-se numa rotina escolar — escreveu, vai revisar! — para se desfazer a ideia equívoca de que a avaliação só existe em função da nota e dos resultados finais. A revisão do texto pode realizar-se também em exercícios coletivos de análise, nos quais o grupo discute o que poderia ser alterado em função dos objetivos e dos leitores pretendidos para aquele ato específico de comunicação. As discussões e os acertos seriam valiosos, pois percorreriam os vários estratos linguísticos: o sintático, o semântico, o lexical (a escolha adequada das palavras), o pragmático, o ortográfico, o da pontuação, o da paragrafação, o da apresentação formal do texto, sempre, é claro, tendo em conta os aspectos da situação em que o texto vai circular. Evidentemente, nesses aspectos, se inclui a adequação do texto às especificidades de seu gênero textual. Nessa perspectiva bem mais ampla, portanto, professor e aluno teriam muito mais coisas a ver e coisas muito mais relevantes a aprender.

O trabalho do professor com a produção individual do aluno também deve aproximar-se de tais padrões. (E, em função disso, todos devíamos lutar — "por pensamentos, palavras e obras" — para que o professor tenha menos alunos em sala de aula e mais tempo disponível para orientar os alunos em suas produções textuais!).

O que parece inaceitável é deixar que se instale no aluno a postura alienante de transferir para o professor o poder absoluto de revisar, julgar, avaliar e reformular seu texto. Assim, não se desenvolve no aluno a autonomia, que requer procura crítica, autoavaliação, levantamento de hipóteses, busca da melhor alternativa, atitudes essenciais para quem empreende qualquer aprendizagem não mecanicista.

4.3. O objeto da avaliação

No âmbito dessas concepções, cabe ainda perguntar: rever, no texto, o quê? Os princípios atrás afirmados implicam que se estabeleça uma hierarquia na identificação dos elementos a revisar. Nem todo desvio à norma-padrão tem a mesma relevância para a qualidade global do texto. A falta de clareza, a imprecisão (quando não dá para saber o que a pessoa está querendo dizer), a escolha indevida das unidades lexicais e das unidades gramaticais, a desordenação na sequência das ideias (quando o texto não tem um fio de ideias condutor), a desconexão entre os vários segmentos do texto, a obviedade e irrelevância do que se diz, tudo isso é mais significativo para a qualidade comunicativa do texto do que os acertos ortográficos, por exemplo (o que não quer dizer que a ortografia não precise ser ensinada!). O que se quer ressaltar é a conveniência de o professor levar o aluno a perceber que o sentido do que ele diz, a clareza com que o diz são elementos prioritariamente relevantes, e é preciso pensar neles em primeiro lugar. A correção ortográfica virá como exigência da própria coerência do texto, que, em certas situações, para estar adequado, precisa estar ortograficamente correto.

Como disse, é evidente que as normas ortográficas também devem ser objeto de ensino, de exercício (vale a pena consultar Morais, 1998; 2000); mas não de um jeito que desvie a atenção dos alunos daquelas habilidades realmente importantes para o êxito de qualquer interação verbal. Certa vez, vi um exercício de redação de uma criança da 4ª série, sob o tema "Meu amigo".

A criança começou seu texto dizendo: "Meu amigo é muito amigavel" e o único ajuste que a professora apontou, marcando em vermelho, foi a falta de acento sobre a sílaba tônica da palavra "amigável". Pode-se perguntar que tipo de competência esta professora está privilegiando? Além de indicar o erro ortográfico, ela não deveria, antes de tudo, levar o aluno a perceber que, neste contexto, a palavra "amigável" não costuma ocorrer? Não deveria, ainda, fazer um levantamento com os alunos dos contextos em que se usa esta palavra? (Por exemplo: "amigo amigável", não; mas, "contrato amigável", "separação amigável", sim).

A avaliação, como tudo o mais, é antes de tudo uma questão de concepção e não uma questão de técnica. Daí a conveniência de o professor pensar, observar, descobrir, em cada momento, a maneira mais adequada de contribuir para que seu aluno cresça na aquisição de sua competência comunicativa; de, sobretudo, estimular, encorajar, deixar os alunos com uma vontade grande de aprender, sentindo-se para isso perfeitamente capacitado e, por isso, inteiramente gratificado.

Aprender não pode interessar a ninguém se é visto como um castigo, como uma coisa penosa, da qual a gente deseja ardentemente se livrar o mais cedo possível. Rubem Alves lembra que "saber" e "sabor" têm a mesma raiz etimológica e o mesmo núcleo semântico. Aprender tem que ser uma coisa de gosto bom, uma coisa gostosa, saborosa, como se diz. Nesse sentido é que se poderia enquadrar qualquer atividade de ensino e, sobretudo, de avaliação das coisas que os alunos falam e escrevem. O mais é expressão do autoritarismo e do desrespeito da escola frente à produção do aluno.

Parece-me de grande relevância que o professor de português reafirme a consciência de que *o perfil ideal para cada etapa-série é parcial*, na medida das aptidões e limitações dos alunos, em cada período da escolaridade. É normal que, numa certa altura de sua escolaridade, o aluno ainda demonstre inabilidades para compor um texto escrito, por exemplo, em que muitos apagamentos poderiam ter sido efetuados. Como é também normal que ele vacile quanto à escolha da palavra adequada ou da grafia padronizada. Normalíssimo seria ainda que ele tivesse uma pessoa que, nesses momentos de hesitação ou de equívoco, se propusesse a intervir, a propor outras opções de dizer. Este é o papel do professor: estimular, em cada momento, a tentativa de produção do aluno e orientá-lo na aquisição dos padrões adequados.

Em suma, o fundamental é que o professor garanta ao aluno a oportunidade de *enfrentar o desafio da leitura, da escrita, da escuta, da fala* (do conversacional cotidiano à fala formal), com todos os gostos e riscos que isso pode trazer. Só assim ele há de chegar à experiência comunicativa inteiramente assumida, com a autoconfiança de que somos capazes de exercer, também pelo linguístico, a cidadania que nos cabe por pleno direito.

CAPÍTULO CINCO

Conquistando autonomia

Pode-se dizer que custa caro formar um bom professor. Errado. Um mau professor é que sai caro, por ser ineficiente e ineficaz. Um mau professor ajuda a provocar a repetência (...), não segura o aluno na escola; não prepara alunos para a vida profissional.
JAIME PINSKY

Nos encontros com os professores, as queixas e os desabafos são mais ou menos os mesmos. Já se espera o que se vai ouvir: o vestibular, os concursos, os pais, a diretoria da escola, outros professores...

Ou seja, os professores até gostariam de mudar, estão convencidos de que é preciso, mas... toda essa série de fatores interfere exatamente na direção oposta. Como, perguntam os professores, não dar gramática (leia-se aqui: "Como não ensinar a classificação das orações e similares"), se isso cai no vestibular, nas provas de concurso; se os pais vêm reclamar e os próprios alunos acham que não estão tendo aulas de português?

Como eu disse, essas questões já são esperadas em todo encontro. Já sei que vão aparecer. Diante delas, costumo fazer algumas reflexões. Mais ou menos assim:

Em primeiro lugar, tenho uma ligeira impressão (na verdade, não tão ligeira assim!) de que, no fundo, no fundo, a vontade de mudar por parte de muitos professores não é assim tão grande. Talvez inconscientemente até deem graças a Deus por existirem essas dificuldades. Dificuldades que os impedem de mudar, que os salvam da responsabilidade de tomar as iniciativas, que os livram da culpa de não fazer diferente. Pois é, a gente bem que queria, mas... há coisas... coisas exteriores a nós. Não somos nós que não queremos avançar. São essas coisas que não nos deixam ir...

Em segundo lugar, se o problema é o vestibular, me ocorre perguntar: de que vestibular se está falando? De alguns anos para cá, as provas dos vestibulares, apesar de algumas limitações, começaram a privilegiar as análises de texto, a partir de competências diversas, das produções textuais, de gêneros diferentes, e têm evitado expor os alunos às inutilidades da mera classificação gramatical. Por outro lado, se o problema são os concursos, que ainda não se alinham em sua totalidade por esses novos horizontes, não devemos nos prender a isso para justificar a irrelevância de um ensino desvinculado dos usos da língua. Devíamos, de todas as maneiras, trabalhar para que os programas desses concursos começassem a ser também diferentes para contemplarem, com primazia, a dimensão textual e comunicativa da língua.

Em terceiro lugar, se o problema é a interferência dos pais, seria muito bom que a escola buscasse a oportunidade de debater com eles as novas concepções linguísticas que apoiam e propõem um ensino da língua diferente. Seria muito bom que se promovessem discussões sobre a questão do preconceito linguístico, da exclusão social que a falta de letramento provoca, das competências necessárias e, de fato, relevantes para as pessoas atuarem profissionalmente com eficiência. Se a família está preocupada com o sucesso de seus filhos, do ponto de vista da linguagem, esse sucesso não pode ser conseguido sem que se desenvolva a capacidade de colocar essa linguagem a serviço da prática profissional e da plena cidadania. Não é apenas dominando a nomenclatura da língua que se consegue interagir comunicativamente com sucesso. Umas pinceladas de atualização linguística para os pais dos alunos, na linha das novas concepções de linguagem e de língua, seriam uma grande iniciativa.

Em quarto lugar — e aqui está o ponto principal —, se o problema é a insegurança do professor, vale a pena lembrar que está na hora de ele partir para alcançar sua autonomia, como "cabeça" do curso de português. Não numa postura autoritária de quem sabe tudo. Mas como primeiro orientador, como aquele que traça as linhas do caminho, as metas desejadas, como aquele que seleciona o objeto, os procedimentos e os recursos de trabalho. Evidentemente, com o respaldo das concepções teóricas, dos resultados das pesquisas linguísticas, da reflexão pedagógica cuidadosa, da atenção e do estudo diário. Ou seja, o que não tem sentido é a postura indefinida de um professor amorfo, que fica no vaivém do que parece certo a este ou àquele, fazendo e desfazendo pelo que dizem os outros, pelo que parece aos outros, quase sempre pessoas desavisadas e ancoradas ainda nas propostas "do seu tempo", nas tradições de quando "estavam na escola".

O professor de português precisa conquistar sua autonomia didática, assumir-se como especialista da área, comprometer-se com a causa da educação linguística de seus alunos. Não pode ficar, repito, à deriva, ao sabor das opiniões de todo mundo, como se não tivesse condições de estabelecer seus rumos. Quando, no início deste trabalho, falei em "um querer já legitimado", pretendia lembrar ao professor que ele já pode contar com sólidos respaldos acerca de novas orientações para seu trabalho. Existem atualmente programas e orientações em diversos níveis (federal, estadual e municipal) que apoiam a reorientação do trabalho do professor de português. E, melhor que tudo isso, existe o estímulo, o incentivo para que o professor busque esse apoio. Para que o professor *tenha* efetivamente esse apoio. O trabalho pedagógico e a formação do professor de português são, no momento, uma preocupação dos meios acadêmicos e constituem tema de inúmeras pesquisas (ver, entre muitos outros, Batista, 1997; 1999, Geraldi, 1997; Neves, 1994), embora se saiba que ainda são escassos os livros que têm como destinatários, especificamente, os professores de português do ensino fundamental e do ensino médio.

A autonomia que se pretende aqui e que resulta de muito estudo, pesquisa e reflexão deixaria o professor em condições de, mesmo utilizando o material didático tradicional, fazer um trabalho crítico, diferenciado e comunicativamente relevante. Isto é, deixaria o professor em condições de superar os limites desse material de apoio ou das ingênuas, infundadas e preconceituosas observações dos "entendidos improvisados" da pedagogia linguística. Dessa forma, portanto, o professor deixaria de ser a figura subserviente que cumpre programas e adota procedimentos só porque estão nos livros ou estão conforme a opinião dos outros.

O professor de português precisa ter a competência suficiente que lhe confira a autonomia necessária à condução de seu trabalho, o que, em nenhum momento, dispensa sua inserção nas preocupações do grupo com o qual atua. Autonomia não significa individualismo, isolamento ou autossuficiência. Significa que o professor esteja seguro de como deve ser seu trabalho, para que não fique ao sabor dos ventos, que vêm de lá e de cá.

Sou consciente das conquistas que o professor ainda tem que fazer para atingir essa autonomia: é preciso dispor de tempo para estudo e reflexão; é preciso inserir-se em projetos de pesquisa; é preciso ter acesso a uma biblioteca especializada; é preciso ter oportunidade de participar de cursos de atualização e estar em sintonia com as mais novas orientações e propostas da área da linguagem.

Talvez isso tudo, para muitos, possa parecer um caminho utópico. Mas vale a pena. Ai de nós sem alguma utopia!

CAPÍTULO SEIS

Fechando, por enquanto...

Caminante, no hay camino,
se hace camino al andar
("Caminhante, não há caminho,
se faz caminho ao andar".)
ANTONIO MACHADO

Numa reflexão como esta, a palavra final não acontece. Não há fechamento. Há apenas a palavra inicial, que funciona como uma espécie de semente, como uma espécie de *ovo*, cheio de vida, pronto para deixá-la sair.

É o que pretendo como encerramento para este livro: a disposição e a esperança de que cada palavra terá a força de uma semente, pois cada palavra é apenas um começo, está "prenha": basta só que a quebrem, que a abram e a deixem vingar.

Confesso que escrevi pensando, especificamente, nos professores de português do fundamental e médio. Não fui rasteira nem simplista, mas também não entrei por grandes elucubrações teóricas. Tenho consciência também de que fui redundante, fui reincidente. É que eu queria mesmo ser insistente, ser enfática, rebater naqueles pontos que considero cruciais para uma boa atuação do professor em aulas de português, pontos que eu sei que ainda estão impedindo um trabalho de mais qualidade. Em algumas passagens, deixei que escoasse um pouquinho de emoção. Para que, por entre as palavras, ficasse o apelo (amoroso) à inquietação, à pesquisa, à reflexão, à criação, à descoberta, ao estudo, sobretudo, das *novas temáticas* que hoje redefinem a linguagem e, dentro dela, a língua.

As novas concepções da linguística — que na verdade, já não são tão novas assim — podem nos fazer ver o fenômeno da língua muito além das teias gramaticais, com horizontes bem mais amplos, bem mais fascinantes, bem mais humanos, no sentido de que refletem os usos das pessoas em sociedade, isto é, a língua que a gente usa no dia a dia. Essas concepções podem nos fazer perceber muito mais coisas que "o certo" e "o errado", muito mais a fazer que dar nomes às coisas e aos fatos da língua. Indo além dos rótulos que a linguagem contém, para deixar-nos embriagar pela sua cor, pelo seu perfume e pelo seu sabor.

Na verdade, a imagem do professor já não carrega aquela aura misteriosa de quem está "pronto" para "ensinar", de quem já estocou os saberes necessários para a transmissão pedagógica em sala de aula. Felizmente, a consciência de uma outra imagem de professor é cada vez mais clara: o professor que se refaz, que redescobre, que reinventa, que revê suas concepções e atitudes, que não está "formado" e, portanto, redimensiona seus saberes. Um professor que não pode deixar de "ser aluno", isto é, que não sabe tudo, que não pode deixar de ser aprendiz. Eternamente aprendiz. Um professor que, como os alunos, está *"em curso"*, quer dizer, está, ainda agora e sempre, realizando a grande aventura de *correr* pelos caminhos que levam ao conhecimento, ao entendimento, mesmo sabendo que nunca vão poder dizer que chegaram ao fim desse caminho...

Aprender é uma das coisas mais bonitas, mais gostosas da vida. Acontece em qualquer tempo, em qualquer idade, em qualquer lugar. Ajudar as pessoas a descobrir esse prazer, a "degustar" o sabor dessa iguaria é ascender às mais altas esferas da atuação humana. A escola existe para estimular a "gula" pelas delícias de poder saber... , pois "a capacidade de sentir prazer não é um dom natural. Precisa ser aprendida", como lembra Rubem Alves (2000: 133).

A ininterrupta corrente da história se constrói nesse jogo coletivo do interdiscurso, nesses elos que se criam pela passagem da linguagem...

Pedro que diz a Maria, que diz a Marcos,
que diz a Inês, que diz a André,
que diz a Paula, que diz a Eduardo,
que diz a muitos, que dizem a outro ...

E a história se faz, e as crenças se instauram e se renovam, como um rio que corre: contínuo, fecundo, renovado, brilhante, espumante, grávido. E quem ensina a aprender vai nas ondas dessa corrente, provando da força da água, da força do vento. Experimentando, em primeiro, a graça e a luz da "aurora", que, como diz o poeta João Cabral de Melo Neto, nunca se faz pelo canto de um galo só...

Que fique no professor um gosto muito grande de poder juntar-se a outros que tecem o brilho das manhãs e que entoam, com poesia também, o canto das madrugadas. O dia, como num grande coro, terá a voz de muitos, de cada vez mais outros; que sabem que *podem* falar, que podem ouvir, que podem até ler e escrever as páginas que vão compor a história. Porque a ninguém está negado o direito à voz, o direito à palavra, que, dizendo de todos nós, é semente e será fruto. *Tecendo a manhã.*

Aulas de português, perguntemo-nos todos os dias: a favor de quem? A favor de quê? Se as pessoas não ficam mais capazes para — falando, lendo, escrevendo e ouvindo — atuarem socialmente na melhoria do mundo, pela construção de um novo discurso, de um novo sujeito, de uma nova sociedade, *para que aulas de português?*

Bibliografia

ALLENDE, Felipe & CONDEMARIN, Mabel. *Leitura* — teoria, avaliação e desenvolvimento. Porto Alegre: Artes Médicas, 1987.

ANTUNES, Irandé Costa. Gêneros de texto: uma via de abordagem das variações em língua escrita. *Leitura*. Revista do Programa de Pós-Graduação em Letras da UFAL, Alagoas, n. 21, jan./jun. de 1998:15-23.

ANTUNES, Irandé Costa. Língua, gêneros textuais e ensino: considerações teóricas e implicações pedagógicas. *Perspectiva: Revista do Centro de Ciências da Educação. Universidade Federal de Santa Catarina*. V. 20, n. 1, jan./jun.2002, pp. 65-75.

ANTUNES, Irandé Costa. No meio do caminho tinha um equívoco. *In*. BAGNO, Marcos (org.). *Linguística da norma*. São Paulo: Loyola, 2002, pp. 127-134.

ANTUNES, Irandé Costa. Particularidades sintático-semânticas da categoria de sujeito em gêneros textuais da comunicação pública formal. *In:* MEURER, José Luiz; MOTTA-ROTH, Desirée. (orgs.) *Gêneros textuais*. Bauru: EDUSC, 2002, pp. 215-224.

ALMEIDA, Milton José. Ensinar português. *In:* GERALDI, João Wanderley. *O texto na sala de aula*. São Paulo: Ática, 1997.

ALVES, Rubem. *Conversas com quem gosta de ensinar.* 5ª ed. Campinas: Papirus, 2000.

ALVES, Rubem. *Lições de feitiçaria.* São Paulo: Edições Loyola, 2001.

AZEREDO, José Carlos de. *Língua Portuguesa em debate*: conhecimento e ensino. Petrópolis: Vozes, 2000.

BAGNO, Marcos. *Preconceito linguístico:* o que é, como se faz. São Paulo: Edições Loyola, 1999.

BAGNO, Marcos. *Dramática da língua portuguesa.* São Paulo: Loyola, 2000.

BAGNO, Marcos. *A língua de Eulália. Novela sociolinguística.* São Paulo: Contexto, 1997.

BAGNO, Marcos. *Português ou brasileiro? Um convite à pesquisa.* São Paulo: Parábola Editorial, 2001.

BAGNO, Marcos. (org.) *Norma linguística.* São Paulo: Loyola, 2001.

BAGNO, Marcos. (org.) *Linguística da norma.* São Paulo: Edições Loyola, 2002.

BAGNO, Marcos. *A norma oculta: língua & poder na sociedade brasileira.* São Paulo: Parábola Editorial, 2003.

BARTHES, Roland. *Aula.* São Paulo: Cultrix, 1978.

BAKHTIN, Mikhail. *Marxismo e Filosofia da Linguagem.* 7ª ed. São Paulo: Hucitec, 1995.

BATISTA, Antônio Augusto G. *Aula de português*: discurso e saberes escolares. São Paulo: Martins Fontes, 1997.

BATISTA, Antônio Augusto G. Os parâmetros, os professores e as formas brandas de exclusão. In. MARCUSCHI, Elizabeth (org.). *Formação do educador, avaliação & currículo.* Recife: UFPE, 1999.

BIASI-RODRIGUES, Bernadete. *A diversidade de gêneros textuais no ensino: um novo modismo? Perspectiva: Revista do Centro de Ciências da Educação. Universidade Federal de Santa Catarina.* V. 20, n. 1, jan./jun.2002, pp. 49-64.

BORBA, Francisco S. *Uma gramática de valências para o português.* São Paulo: Ática, 1996.

BRITTO, Luis Percival Leme. *A sombra do caos:* ensino de língua x tradição gramatical. Campinas: Mercado de Letras, 1997.

CALIL, Eduardo. *Autoria* — a criança e a escrita de histórias inventadas. Maceió: EDUFAL, 1998.

CARRAHER, Terezinha. Alfabetização e pobreza: três faces da realidade. *In* KRAMER, Sonia (org.), *Alfabetização* — dilemas da prática, Rio de Janeiro: Dois Pontos, 1986, pp. 47- 95.

CLEMENTE, Elvo; KIRST, Marta Helena Barão. *Linguística Aplicada ao ensino do português*. Porto Alegre: Mercado Aberto, 1987.

COELHO, Maria Auxiliadora Lustosa. *Atitudes linguísticas do nordestino do submédio São Francisco.* Dissertação de mestrado. Programa de Pós-graduação em Letras e Linguística da UFPE, Recife, 1998.

Van DIJK, Teun A. *Texto y contexto.* Semantica y pragmática del discurso. 2 ed. Madrid: Cátedra, 1984.

DIONISIO, Angela Paiva; MACHADO, Anna Rachel; BEZERRA, Maria Auxiliador. (orgs.). *Gêneros textuais & ensino.* São Paulo: Parábola Editorial, 2010.

FARACO, Carlos Alberto (org.). *Estrangeirismos: guerras em torno da língua*. São Paulo: Parábola Editorial, 2001.

FARACO, Carlos Alberto; TEZZA, Cristóvão. *Oficina de texto*. Petrópolis: Vozes, 2003.

FERNANDES, Millôr. *Millôr definitivo:* a bíblia do caos. 2ª ed. Porto Alegre: L&PM, 1994.

FERNANDES, Millôr. *O livro vermelho dos pensamentos de Millôr.* São Paulo: SENAC, 2000.

FERREIRO, Emilia; PALACIO, Margarita Gomes. *Os processos de leitura e escrita* — novas perspectivas, Porto Alegre, Artes Médicas, 1987.

FONSECA, Fernanda Irene e FONSECA, Joaquim. *Pragmática Linguística e ensino do português.* Coimbra: Almedina, 1977.

GARCIA, Othon M. *Comunicação em prosa moderna.* Rio de Janeiro: Fundação Getúlio Vargas, 1977.

GERALDI, João Wanderley. *O texto na sala de aula*. São Paulo: Ática, 1997.

GERALDI, João Wanderley. *Portos de passagem*. São Paulo: Martins Fontes, 1997.

ILARI, Rodolfo. *Introdução à semântica: brincando com a gramática*. São Paulo: Contexto, 2001.

ILARI, Rodolfo. *Introdução ao estudo do léxico: brincando com as palavras*. São Paulo: Contexto, 2002.

KATO, Mary A. *No mundo da escrita*: uma perspectiva psicolinguística. São Paulo: Ática, 1986.

KRAMER, Sonia (org.) *Alfabetização:* dilemas da prática. Rio de Janeiro: Dois Pontos, 1986.

LAJOLO, Marisa. O texto não é pretexto. *In:* ZILBERMAN, Regina. *Leitura em crise na escola*: as alternativas do professor. Porto Alegre: Mercado Aberto, 1986, pp. 51-62, 1986.

MACEDO, Joana d'Arc de Paula. A cartilha e a produção de textos. *Educação em Mato Grosso*, 30, 1985, pp. 42-58.

MARCUSCHI, Elisabeth. (org.) *Formação do educador,* avaliação & currículo. Recife: Ed. Universitária, 1999.

MARCUSCHI, Luiz Antônio. *Da fala para a escrita* — atividades de retextualização. São Paulo: Cortez, 2001.

MATTOSO CÂMARA JR., Joaquim. *Manual de expressão oral e escrita*. 4ª ed. Petrópolis : Vozes, 1977.

MEURER, José Luiz. MOTTA-ROTH, Desirée. (orgs.). *Gêneros textuais*. Bauru: EDUSC, 2002.

MORAIS, Artur Gomes de. *Ortografia:* ensinar e aprender. São Paulo: Ática, 1998.

MORAIS, Artur Gomes de (org.) *O aprendizado da ortografia*. Belo Horizonte: Autêntica, 2000.

MINISTÉRIO DE DUCAÇÃO E CULTURA. *Parâmetros Curriculares Nacionais:* terceiro e quarto ciclos do ensino fundamental — língua portuguesa. Secretaria de Educação Fundamental. Brasília: MEC/SEF, 1998.

NEVES, Maria Helena de Moura. *Gramática na escola*. São Paulo: Contexto, 1994.

NEVES, Maria Helena de Moura. *Gramática de usos do português*. São Paulo: Editora UNESP, 2000.

NEVES, Maria Helena de Moura. A Gramática: conhecimento e ensino. *In:* AZEREDO, J. C. de. *Língua Portuguesa em debate*: conhecimento e ensino. Petrópolis: Vozes, 2000a.

NÓBREGA, Maria José. Perspectiva para o trabalho com a análise linguística na escola. *In:* AZEREDO, J. C. de. *Língua Portuguesa em debate*: conhecimento e ensino. Petrópolis: Vozes, 2000.

PERINI, Mário A. *Sofrendo a gramática:* ensaios sobre a linguagem. São Paulo: Ática, 1997.

PERRENOUD, Philippe. *Avaliação:* da excelência à regulação das aprendizagens — entre duas lógicas. Porto Alegre: Artes Médicas, 1999.

POSSENTI, Sírio. Sobre o ensino de português na escola. *In:* GERALDI, João Wanderley. *O texto na sala de aula*. São Paulo: Ática, 1997.

PINHEIRO, Izabel. *O que propõem os livros didáticos de língua portuguesa?* Exercitar a escrita ou interagir escrevendo? Dissertação de mestrado. Programa de Pós-graduação em Letras e Linguística da UFPE, Recife, 1999.

SAUSSURE, Ferdinand. *Curso de Linguística Geral.* São Paulo, Cultrix, 1973.

SCHMIDT, Siegfried J. *Linguística e Teoria de Texto*. São Paulo: Pioneira, 1978.

SEARLE, Jonh. *Os actos de fala*. Coimbra: Almedina, 1981.

SILVA, Lilian Lopes Martin da. *A escolarização do leitor:* a didática da destruição da leitura. Porto Alegre: Mercado Aberto, 1986.

SOARES, Magda. *Linguagem e escola*: uma perspectiva social. 4ª ed., São Paulo: Ática, 1987.

SUASSUNA, Lívia. *Ensino de Língua Portuguesa* — uma abordagem pragmática. Campinas, SP: Papirus, 1995. (Coleção magistério: Formação e trabalho pedagógico)

VOTRE, Sebastião. Discurso e Sintaxe nos textos de iniciação à leitura. *In:* CLEMENTE, Elvo e KIRST, Marta Helena Barão (orgs.) *Linguística Aplicada ao ensino do português.* Porto Alegre: Mercado Aberto, 1987, pp. 111-126.

ZILBERMAN, Regina (org.) *Leitura em crise na escola*: as alternativas do professor. Porto Alegre: Mercado Aberto, 1986.

AULA DE...

1. *Aula de português: encontro & interação* — Irandé Antunes
2. *Aula de inglês: do planejamento à avaliação* — Luciano Amaral Oliveira

Esta obra foi composta em New Aster 11/15
e impressa em papel Chambril Avena 80grs
para a **Parábola Editorial** em Julho de 2025.

Impressão e acabamento:
Forma Certa